Duden

Frag dein Deutsch-Team

6. Klasse

Neues Erklärprinzip –
von Schülern für Schüler

Dudenverlag
Berlin • Mannheim • Zürich

Die Rechtschreibung in diesem Buch folgt im Falle von Schreibvarianten den Empfehlungen von Duden – Die deutsche Rechtschreibung.

Beratungsangebot für Eltern und Lehrer (kostenpflichtig):
Die Duden-Sprachberatung beantwortet Fragen zu Rechtschreibung, Grammatik, Zeichensetzung u. Ä.
montags bis freitags zwischen 08:00 und 18:00 Uhr.
Aus Deutschland: **09001 870098** (1,86 € pro Minute aus dem Festnetz)
Aus Österreich: **0900 844144** (1,80 € pro Minute aus dem Festnetz)
Aus der Schweiz: **0900 383360** (3,13 CHF pro Minute aus dem Festnetz)
Die Tarife für Anrufe aus den Mobilfunknetzen können davon abweichen.

Bibliografische Information der Deutschen Nationalbibliothek
Die Deutsche Nationalbibliothek verzeichnet diese Publikation in der Deutschen Nationalbibliografie; detaillierte bibliografische Daten sind im Internet über http://dnb.d-nb.de abrufbar.

D C B A
Bibliographisches Institut GmbH
Bouchéstraße 12, 12435 Berlin

Redaktionelle Leitung Simone Senk
Redaktion Elke Spitznagel
Autorinnen Dr. Sabine Anselm, Dr. Miriam Geldmacher
Illustrationen Carmen Strzelecki; blatteins, Freiburg

Herstellerische Leitung Annette Scheerer
Herstellung Ursula Fürst
Layout Patricia Müller, Berlin
Umschlaggestaltung X-Design, München
Umschlagabbildungen shutterstock.com / Julien Tromeur, shutterstock.com / Yayayoyo, shutterstock.com / Mastertasso, shutterstock.com / astudio
Satz Katrin Kleinschrot, Stuttgart
Druck und Bindung Stürtz GmbH
Alfred-Nobel-Straße 33, 97080 Würzburg
Printed in Germany

ISBN 978-3-411-72033-0

INHALT

1 WORTARTEN UND WORTFORMEN

BEISPIEL

Plusquamperfekt: *Ich **hatte gelesen.***
Futur II: *Ich **werde gegangen sein.***
Aktiv: *Ich **ziehe** dich an den Haaren.*
Passiv: *Du **wirst** an den Haaren **gezogen.***

Adverb: *nirgends, bald, möglicherweise*
Demonstrativpronomen: *dieser, jener, die*
Indefinitpronomen: *keiner, jemand, alle*
Relativpronomen: *Der Hund, **den** ich meine, sitzt auf der Wiese.*

VERWENDUNG

Die Zeiten sowie Aktiv und Passiv brauchst du zum Schreiben von Erzählungen, Berichten und Vorgangsbeschreibungen. Mit Adverbien und Pronomen kannst du deine Aufsätze abwechslungsreicher gestalten.

WIEDERHOLEN

Das sollten wir schon kennen:
– Präsens, Präteritum, Perfekt, Futur I
– Kasus, Genus, Numerus
– Personal-, Possessiv-, Interrogativpronomen

DJ_Smile

Hey Leute, bin wieder da! Ferien in Florida waren cool, aber jetzt ist wieder Schule angesagt. Schreibe morgen Grammatiktest und habe keinen Peil, was es mit dem *Plusquamperfekt* auf sich hat. Hilfe!

Nullraff

Plus… was? Klingt nach der Mischung aus Mathe und irgendeiner üblen Krankheit. Nee, sorry, keine Ahnung.

Goethe

Schön, dass du wieder da bist. Musst mal erzählen. Aber jetzt zu deiner Frage: Plusquamperfekt ist eine **Zeitform des Verbs.** Genauer: die *3. Vergangenheit* oder *Vorvergangenheit.* Also, da geht's um etwas, das noch weiter zurückliegt als das, was du im Präteritum oder Perfekt erzählst.

DJ_Smile

Lang, lang ist's her … Ehrlich gesagt hab ich keine Ahnung, wovon du sprichst. Vergangen ist vergangen, oder? Kannst du es mal genauer erklären? Beispiel? 😟

Goethe

O.k., hier mal ein Beispiel:
*Vor zwei Wochen **flogst** du in die USA.* → *Präteritum*
*Davor **hattest** du in einem Führer **gelesen,** dass in Florida traumhaftes Wetter ist.* → *Plusquamperfekt*
*Gestern **bist** du **zurückgekommen.*** → *Perfekt*

Nullraff

Und das alles, während wir unsere Regenschirme aufspannen mussten. Neid! Aber noch mal zum Thema: Was ist denn jetzt der Unterschied? Ich check's nicht!

Goethe

Na ja, Plusquamperfekt ist eben noch **früher** als die anderen Vergangenheiten. Vielleicht wird es klarer, wenn ich erkläre, wie man die **Form** bildet.
Du brauchst dazu das *Präteritum des Hilfsverbs sein oder haben* und das *Partizip Perfekt* des Vollverbs.

DJ_Smile

Wäre jetzt eh meine nächste Frage gewesen. Ich versuch's mal selbst:
Ich ***bin*** *zum ersten Mal in die USA* ***gereist.*** → **Perfekt**
Meine Freundin ***war*** *schon ein Jahr vorher in die USA* ***gereist.*** → ***Plusquamperfekt***
Richtig?

Goethe

Richtig! Indem du das Hilfsverb ins Präteritum setzt, zeigst du, dass die ganze Aktion noch weiter zurückliegt. Der Leser oder Hörer versteht dann die **Reihenfolge der Ereignisse** in der Vergangenheit besser.

Nullraff

Jetzt hab auch ich's kapiert! 😎

DJ_Smile

Danke, das ist also so weit abgehakt. Jetzt zum nächsten Problem: Ich hab da irgendwas Unverständliches in mein Heft gekritzelt von wegen Aktionen, die in der **Zukunft** abgeschlossen sind. Keine Ahnung, was ich damit gemeint haben könnte.

Goethe

Ich glaub, du meinst das ***Futur II , die vollendete Zukunft.*** Damit beschreibst du Ereignisse, die in der Zukunft liegen und dort **bereits vorbei** sind.

Nullraff

Hä? Zukunft und Vergangenheit gemixt, oder was? Das muss ich jetzt nicht verstehen, oder? Was soll denn das für ein Ereignis sein, bitte schön?

Goethe

Wie wär's mit ein bisschen Nachdenken, bevor du gleich dazwischenquakst? Hier mal ein Beispiel:
Nächste Woche ***wirst*** *du das Ergebnis deines Grammatiktests* ***erfahren haben.***
Der Lehrer hat zu diesem Zeitpunkt in der Zukunft die Ergebnisse bereits bekannt gegeben. Es ist also eine Handlung, **die in der Zukunft** liegt und dort bereits **abgeschlossen** ist.

DJ_Smile

Ah, verstehe, jetzt gibt das auch einen Sinn, was ich da aufgeschrieben habe. Bei deinen Beispielen klingt das auch immer alles so easy. So beim Reden kann ich das ja schon, aber wenn im Test dann ein Verb steht, das ich in verschiedene Zeitformen setzen soll, weiß ich wieder nicht, wie's geht. Kannst du mir deshalb nochmal sagen, wie man die **Form** bildet?

Goethe

Ja klar, gerne.

- Du brauchst dazu das ***Hilfsverb werden,*** also z. B.: *Ich **werde** ...*
- Dann musst du das ***Partizip Perfekt des Vollverbs*** bilden, also z. B.: *fliegen* → ***ge**flogen*.
  Der Satz sieht dann erst mal so aus:
  Ich werde geflogen ...
- Zum Abschluss brauchst du wieder die ***Hilfsverben haben oder sein.***

Der ganze Beispielsatz heißt dann:
*Ich **werde geflogen sein.***

Nullraff

Bin zwar ein bisschen beleidigt, weil du mich vorhin so doof von der Seite angeredet hast, aber jetzt muss ich trotzdem noch mal reinquaken: Würdest du das tatsächlich so sagen wie in deinem Beispielsatz? Also ich würde da sagen: *Ich bin geflogen*.

Goethe

Sorry für vorhin! 😬 Das stimmt schon ein bisschen, was du sagst. Im **Alltag** verwendest du statt **Futur II** häufig das **Perfekt.** Aber wenn man einen Test dazu schreibt, sollte man zumindest wissen, wie man es theoretisch bildet.

Nullraff

Stimmt auch wieder. Klingt halt irgendwie sehr vornehm, finde ich. Drücke die Daumen für den Test, DJ_Smile!

DJ_Smile

1000 Dank. Morgen um die Zeit werde ich es überstanden haben! Perfektes Futur II, oder? 😉

1 **Setze die Verben ins Plusquamperfekt.**

Nachdem wir uns neulich mit unseren Eltern (streiten) *gestritten hatten*, fühlten mein Bruder und ich uns ziemlich mies und wollten die Sache wiedergutmachen. Wir (ausdenken) ______ uns dazu etwas ______: Mein Bruder (kaufen) ______ Pizza ______ und ich (decken) ______ den Tisch ______. Wir (aufstellen) ______ Kerzen ______ und mein Bruder (gehen) ______ in den teuren Laden an der Ecke ______ und (besorgen) ______ dort schöne Servietten ______. Gerade, als wir (fertig werden) ______ ______, hat es an der Tür geklingelt. Nachdem unsere Eltern (sehen) ______, was wir für sie (vorbereiten) ______ ______, waren sie sehr gerührt.

2 **Überlege, welche Verben das Plusquamperfekt mit dem Hilfsverb *haben* und welche es mit *sein* bilden. Lege dazu eine Liste in deinem Übungsheft an.**

arbeiten – sehen – entkommen – frieren – helfen – weggehen – laufen – bekommen – schwimmen – chatten – reden

3 **Formuliere Satzgefüge und setze die Verben dabei in die angegebene Vergangenheitsform.**

empfehlen (Plusquamperfekt) / stehen (Präteritum) / Freund / Hotel / uns / das / nicht im Führer:

sehen (Präteritum) / erzählen (Plusquamperfekt) / gestern / ich / Film / mir / von dem / du:

kommen (Präteritum) / einladen (Plusquamperfekt) / zur Party / mehr Leute / als / ich:

4 **Übertrage die Sätze ins Futur II.**

Wir werden einen Test schreiben.

Das Schiff wird sinken.

Er wird dich um Hilfe bitten.

Er wird mit dem Zug kommen.

5 **Ergänze die fehlenden Einträge in der Tabelle. Benenne die Zeitformen in der ersten Tabellenzeile.**

	Wir haben gelacht.	
		Du wirst erwacht sein.
Jonas rannte.		

6 **Nummeriere die Sätze der zeitlichen Reihenfolge nach (frühestes Ereignis = 1). Benenne dann die jeweilige Zeitform.**

- [ ] Werde ich es am Ende bestanden haben?
- [ ] Danach ist Max in ein Zeltlager gefahren.
- [ ] Das letzte Schuljahr hatte Max nur mit Mühe geschafft.
- [4] Er fragte sich: Wie wird wohl das nächste Jahr werden?
- [ ] Max konnte sich aber nicht entspannen.

1:

2:

3:

4: *Präteritum / Futur I*

5:

7 **Formuliere zu den Verben im Wortspeicher jeweils Sätze im Plusquamperfekt und Futur II. Verwende dein Übungsheft.**

singen – springen – stürzen – lernen – telefonieren

Nullraff

Hi Leute, ich hab da ein haariges Problem. Ich soll einen Satz ins **Passiv** setzen und hab überhaupt keine Ahnung, wie das geht. Ich weiß ehrlich gesagt nicht einmal, was das sein soll. Also hier der Satz:
Meine Mutter schneidet mir die Haare.

kittycat

Wie bitte? *Deine Haare werden von deiner Mutter geschnitten?* Echt? 😉 Jetzt hab ich deinen Satz übrigens ins Passiv gesetzt.

Nullraff

Na super, leider verstehe ich überhaupt nicht, was daran jetzt genau das Passive ist. Kann mir das jemand mal Schritt für Schritt erklären?
@ kittycat: Nein, ich lass meine Mutter natürlich nicht an meine Haare. Der Satz stammt aus meinem Deutschbuch.

Goethe

O. k., offensichtlich habt ihr gerade die ***„Handlungsrichtung" des Verbs.*** Dann leg ich mal los: Du kannst bei Verben **Aktiv** **(Tatform)** und **Passiv** **(Leideform)** unterscheiden. Je nachdem, welche Form du anwendest, betrachtest du das Geschehen
– entweder mehr aus der Sicht des **Täters** → **Aktiv**
– oder mehr aus der Perspektive des **Vorgangs** → **Passiv.**

Nullraff

Versteh ich immer noch nicht. Vielleicht mal mit Beispiel?

Goethe

Dein Satz steht im **Aktiv:**
*Meine Mutter **schneidet** mir die Haare. → Wer ist der Täter (Urheber)? Meine Mutter.*

Der Satz von kittycat beschreibt einen **Vorgang** bzw. eine **Handlung:**
*Deine Haare **werden** von deiner Mutter **geschnitten.***
→ Was passiert mit deinen Haaren? Sie werden geschnitten. Er steht im ***Vorgangspassiv.*** Das bildest du immer mit dem **Hilfsverb *werden*** und dem **Partizip Perfekt** des Vollverbs.

kittycat

Kann man denn nicht auch sagen:
*Die Haare **sind** geschnitten?*
Das wäre doch auch Passiv, oder?

Goethe

Völlig richtig. Das heißt dann **Zustandspassiv,** weil es einen **Zustand** oder einer **Ergebnis** bezeichnet. Dazu brauchst du immer das **Hilfsverb *sein*** und das **Partizip Perfekt** des Vollverbs. Beispiel:

*Die Straße **ist** gesperrt.* → **Zustandspassiv**
*Die Straße **wird** gesperrt.* → **Vorgangspassiv**

Nullraff

Aha, so langsam blick ich's. Wenn ich also einen Aktivsatz in einen passiven umwandeln soll, muss ich nur die **Perspektive** ändern. Nur, wie mach ich das?

Goethe

Ganz einfach, indem du das **Akkusativobjekt** zum **Subjekt** machst.

Aktiv: *Ich sende **eine SMS*** **(Akkusativobjekt).**
Passiv: ***Die SMS*** **(Subjekt)** *wird von mir gesendet.*

Nullraff

Wow, das ist ja wirklich easy. Ich muss also gucken, wo das Akkusativobjekt steckt, und es zum Subjekt machen. Den Rest bau ich dann so drum herum.

kittycat

Heißt das, ich kann einen Satz nur dann ins Passiv umwandeln, wenn ich ein Akkusativobjekt habe?

Goethe

Ja, das stimmt. Du kannst **nur** **transitive Verben,** also welche **mit Akkusativobjekt, ins Passiv setzen.** Verben, die kein Akkusativobjekt haben können, heißen **intransitive Verben.** Das Verb *gehen* kannst du z. B. nicht ins Passiv setzen. Probier's mal!

Nullraff

Stimmt. Ich kann ja nicht sagen: *Ich werde gegangen.* ☺ Also, ich muss mir merken:
Transitive Verben kann man ins **Passiv** setzen, indem man das **Akkusativobjekt** aus dem Aktivsatz im Passivsatz **zum Subjekt** macht. Gecheckt!

8 **Unterstreiche in den Sprechblasen das Subjekt, von dem die Handlung ausgeht.**

9 **Unterstreiche die Verben und bestimme, ob die Sätze im Aktiv (A) oder im Passiv (P) stehen.**

Der Dachdecker arbeitet allein auf dem Dach eines zweistöckigen Neubaus (A). Nach der Arbeit werden die restlichen Ziegel in einer Tonne an der Außenseite des Gebäudes heruntergelassen (   ). Die Tonne ist an einem Seil befestigt (   ). Das Seil wird über eine Rolle geführt (   ). Der Dachdecker bindet das Seil unten am Boden fest (   ) und kehrt auf das Dach zurück (   ). Die Tonne wird von ihm beladen (   ). Nachdem sie beladen ist (   ), geht es wieder nach unten (   ). Das Seil wird gelöst (   ), damit die Ziegel heruntergelassen werden können (   ). Kaum ist das Seil gelöst (   ), wird der Dachdecker nach oben gezogen (   ). Da er das Seil nicht loslässt (   ), wird er mit immer größerer Geschwindigkeit nach oben gezogen ( ). Im Bereich des ersten Stocks treffen Tonne und Dachdecker zusammen ( ). Durch den Aufprall wird sein Nasenbein zerschmettert ( ). Die Fahrt ist jedoch noch nicht beendet ( ). Der Dachdecker wird vom Gewicht der Tonne bis aufs Dach gezogen ( ). Dort lässt er das Seil los ( ) und stürzt in die Tiefe ( ). Glücklicherweise wird sein Aufprall durch einen großen Abfallhaufen abgefedert ( ).

10 **Wandle das Rezept für einen Schokopudding ins Aktiv um. Verwende dazu dein Übungsheft.**

Zunächst werden vom Koch 40 g Speisestärke und 3 EL Kakaopulver mit 150 ml kalter Milch verrührt. Dann werden von ihm 350 ml Milch aufgekocht und 4 EL Zucker untergerührt, bis dieser aufgelöst ist. Danach wird die Kakaomasse unter Rühren dazugegeben und eine Minute lang vorsichtig untergehoben. Schließlich wird das Ganze in den Kühlschrank gestellt.

Der Koch verrührt …

11 **Ordne die Verben zu und formuliere wo möglich einen Beispielsatz im Passiv in dein Übungsheft.**

schlagen – sehen – laufen – warten – lieben – schlafen – scheinen

transitiv:

intransitiv:

12 **Formuliere zu folgendem Spiel eine Spielanleitung im Passiv. Schreibe in dein Übungsheft.**

Vorbereitung:
- feste Kordel an einen Besenstiel befestigen
- anderes Kordelende an einen Eimer binden
- pro Spieler 5 Tischtennisbälle

Durchführung:
- Mitspieler: jeder 5 Tischtennisbälle
- Aufstellung: 2 bis 3 Meter entfernt vom Eimer
- Spielleitung: Eimer mit Besenstiel gleichmäßig hin und her schwenken
- Ziel: alle 5 Tischtennisbälle in den Eimer
- Sieger: die meisten Bälle im Eimer

Zunächst wird eine feste Kordel ...

13 **Formuliere jeweils das Vorgangspassiv.**

Der Koffer ist gepackt. *Der Koffer wird*

Die Tür ist geschlossen.

Die Haare sind gewaschen.

Die Blumen sind gegossen.

14 **Bestimme die Passivform der Sätze.**

Die Naht ist gerissen. → *Zustandspassiv*

Die Straße wird geteert. →

Die Kerzen werden angezündet. →

Der Dieb ist gefasst. →

Der Hunger ist gestillt. →

DJ_Smile

Ist jemand da? In Deutsch wiederholen wir gerade die *Wortarten,* und ich bin ein bisschen unsicher bei folgenden Wörtern: ***nirgends, montags, besonders, hoffentlich.*** Weiß da einer von euch Bescheid?

Nullraff

Also ich hätte mal auf Adjektive getippt. ***Wie ist*** *was? Es ist besonders.* Aber wahrscheinlich lieg ich daneben, oder?

Goethe

Sorry, dass ich dir recht geben muss: Voll daneben! Das sind *Adverbien* **(Umstandswörter).** Sie liefern dir tatsächlich, wie auch die Adjektive, zusätzliche Informationen, aber du kannst sie *nicht flektieren.*

Nullraff

Flektieren? Großes Fragezeichen ... ☹

DJ_Smile

Also, *flektieren* versteh ich schon: Das ist das mit dem Kasus, Genus, Numerus und so. Also, man kann sie **nicht verändern,** stimmt's? Ich kann z. B. das Wort *nirgends* nicht in die vier Fälle oder in Singular und Plural setzen.

Goethe

Genau: *Adverbien* **bleiben immer gleich.** Sie bestimmen die näheren *Umstände* eines Geschehens.
Welches Eis magst du ***besonders*** *gern?*
Ich mag ***besonders*** *Erdbeereis.*
Du könntest hier ja auch einfach fragen:
Welches Eis magst du?
Aber du willst wissen, welches ich ***besonders*** mag.
Verstehst du?

DJ_Smile

Ja klar, versteh ich. Aber machen das **Adjektive** nicht auch? Wie z. B. bei dem Satz: *Das Haus ist* ***groß.***
Hier wird doch auch näher bestimmt, wie das Haus aussieht, oder?

Goethe

Ja, aber:
- Das Adjektiv bestimmt die **Eigenschaften des Substantivs.**
- Das Adverb bestimmt die **Umstände des Geschehens oder der Verhältnisse.**

Am besten kannst du es wirklich erkennen, wenn du untersuchst, ob du das Wort **flektieren** kannst.

DJ_Smile

O.k., dann konzentrier ich mich darauf. Aber sag mal, kann man die nicht noch irgendwie nach Gruppen sortieren? Ich glaub, da war so was im Unterricht.

Goethe

Ja, kann man. Es gibt im Wesentlichen vier Typen von Adverbien. Ich hab sie dir mal in einer Tabelle zusammengeschrieben:

TYP	FRAGE	BEISPIEL
lokal (Ort)	wo? wohin? woher?	Wir treffen uns **draußen.** Ich gehe **dahin.** Ich bin gleich **dort.**
temporal (Zeit)	wann? wie lange? wie oft?	Er hat **montags** Training. Ihr habt **stundenlang** geübt. Ich trainiere **selten.**
modal (Art und Weise)	wie? auf welche Weise?	Diese Torte ist **besonders** lecker. Magst du **vielleicht** ein Stück?
kausal (Grund)	warum? weshalb?	Komm, **sonst** fährt der Bus weg! Er fährt **nämlich** in zwei Minuten.

Nullraff

Hey, das sind ja genau die Wörter, bei denen ich mich schon immer gefragt hab, welche Wortart das eigentlich ist. Super! ☺

DJ_Smile

Mir geht's eigentlich genauso! Sind *genauso* und *eigentlich* auch Adverbien? Lass mal gucken: Kann ich beide nicht flektieren. Sie bestimmen die Art und Weise, sind also **Modaladverbien.** Stimmt's?

Goethe

Perfekt!

15 **Lege in deinem Übungsheft eine Tabelle nach dem Muster an und ordne die Adverbien aus dem Wortspeicher ein.**

~~daher~~ – blindlings – ~~dort~~ – rückwärts – unterdessen – unten – eilends – drinnen – ~~gern~~ – selten – ziemlich – ~~bald~~ – nie – nebenbei – ganz – folglich – dann – darum – überall – deswegen – endlich – morgen – nirgendwo – dorthin – jetzt – hier – oft

LOKAL-ADVERBIEN	TEMPORAL-ADVERBIEN	MODAL-ADVERBIEN	KAUSAL-ADVERBIEN
dort	bald	gern	daher

16 **Unterstreiche die Adverbien im Text. Tipp: Es sind 17.**

Irgendwo in einem See in Schottland soll es ein Ungeheuer geben. Bisweilen erzählen die Anwohner, es tauche immer abends aus dem Wasser auf. Beinahe jedes Kind kennt die Sage um Nessie, wie das Ungeheuer genannt wird. Es komme angeblich zumeist dann zum Vorschein, wenn kein Reporter anwesend ist. Deshalb gibt es kein Foto des Ungeheuers von Loch Ness. So kann leider kaum jemand beschreiben, wie das Ungeheuer genau aussieht. Darum meinen Wissenschaftler, Nessie sei eine Erfindung. Neulich behauptete ein Tourist, er habe eine Seeschlange im Wasser gesehen, die aber sofort untergetaucht sei. Ob unten im See tatsächlich ein Ungeheuer schlummert?

17 **Füge die passenden Adverbien aus dem Wortspeicher in die Lücken ein.**

sehr – lang – allmählich – selten – ~~immer~~ –
ganz – vorher – deshalb – zuerst

Die Forscherin Dian Fossey hat sich immer für Menschenaffen interessiert und hat ______ ______ bei Berggorillas gelebt. ______ waren die Affen zurückhaltend, aber ______ haben sie sie in ihrer Mitte angenommen. Sie war den Affen ______ nah und erfuhr ______ viel über deren Angewohnheiten, wovon man ______ nichts gewusst hatte. ______ wurden eindrücklichere Filme über das Leben scheuer Tiere gemacht.

18 **Bilde selbst Adverbien. Setze die Reihen jeweils um mindestens drei Wörter fort.**

hoffentlich, wissentlich, ______

______

glücklicherweise, scharenweise, ______

______

morgens, frühestens, ______

______

19 **Knifflig! Hier sind die Adverbien durcheinandergeraten. Unterstreiche zunächst alle Adverbien und schreibe dann die jeweils passenden der Reihe nach an den Rand.**

Lange viele Wissenschaftler hal-	Ziemlich
ten Menschenaffen für die klügs-	
ten Tiere. Ziemlich haben sie wirk-	
lich versucht, ihnen das Sprechen	
beizubringen. Aber der Mund der	
Affen ist darum folglich gebaut,	
erfreulicherweise können sie nicht	
die gleichen Laute formen wie wir.	
Einfach aber hatten Forscher dann	
eine Idee: Sie brachten der jungen	
Schimpansin Washoe sogar die	
Gebärdensprache bei, die taub-	
stumme Menschen verwenden.	
Washoe zeigte den Menschen	
behutsam, dass Affen eindrucks-	
voll denken können. Sie kannte	
250 Wortzeichen und lernte	
anders, die Zeichen für „Geruch"	
und „Blume" zu unterscheiden.	

Nullraff

Mannomann! Ich bin fix und fertig: Schreibe morgen 'nen Grammatiktest und hab totale Panik. Alle Wortarten wirbeln in meinem Kopf durcheinander. Was sind denn noch mal ***Indefinitpronomen?***

Goethe

Kann man ganz gut herleiten.
Pronomen sind erstmal Fürwörter: *Pro + Nomen* = sie stehen *für ein Nomen* (Substantiv).
Und *indefinit* heißt *unbestimmt*. Indefinitpronomen sind also **unbestimmte Fürwörter.**

kittycat

Also wenn nicht ganz klar ist, wen man meint, oder? So was wie ***man*** oder ***jemand*** oder ***niemand.*** Hab ich recht?

Goethe

Genau, so lässt es sich erklären. Ich zeig dir mal ein paar Beispielsätze:
***Irgendjemand** sagt, **man** solle seine Hausaufgaben machen. **Viele** machen sie aber nicht. **Einige** bekommen dann Ärger, **etliche** stört das jedoch nicht.*

Nullraff

Danke. Damit ist schon ein Problem gelöst. Ich hoffe, du meinst mit den nicht gemachten Hausaufgaben nicht mich. 😉
Und schon kommt das nächste Problem: Was sind denn ***dieses*** und ***jenes*** für Wortarten? Sind das auch Indefinitpronomen?

Goethe

Nee, das sind zwar auch **Pronomen,** weil sie für ein Substantiv stehen, aber das sind ***Demonstrativpronomen***. *Demonstrieren* heißt *hinweisen, zeigen,* übersetzt heißen sie also **hinweisende Fürwörter.**

kittycat

Also, in folgendem Satz stecken dann z. B. zwei Demonstrativpronomen:
***Diese** Aufgabe habe ich gelöst, **jene** nicht.*
Wobei ich zugeben muss, dass ich das Wort *jene* eigentlich nie benutze. Hört sich für mich gestelzt an. Ich hab mal gelernt, dass ***diese*** auf etwas Näheres verweist und ***jene*** auf etwas, das weiter weg ist.

Goethe

Kann man so machen, muss man aber nicht.
In deinem Beispielsatz dient es einfach der **Unterscheidung.** In der Alltagssprache verwendest du *jene* vielleicht nicht, aber beim Schreiben von Aufsätzen ist das schon hilfreich.

kittycat

Könnte ich eigentlich auch sagen:
Die *(= die Aufgabe) hab ich nicht gemacht?*
Wäre dann ***Die*** auch ein ***Demonstrativpronomen?***

Goethe

Ja klar. Immer wenn du auf etwas **hinweisen** möchtest und dafür ein **Pronomen** setzt. Also z.B.:
Welchen Hund meinst du? ***Den*** *da drüben.*

Nullraff

Ach, wenn ich nur schon so weit wäre, dass ich mich mit solchen Feinheiten beschäftigen könnte! Ich bin schon froh, wenn ich die absoluten Basics checke. Deshalb hier auch noch eine dritte Frage (und dann lass ich euch in Ruhe): Auf meiner Wortartenliste steht auch noch das ***Relativpronomen.*** Was ist das denn schon wieder?

Goethe

Hätte mich auch gewundert, wenn das nicht noch gekommen wäre. Pass auf, das ist jetzt ein bisschen komplizierter:
Das Relativpronomen brauchst du nämlich, um einen ***Relativsatz einzuleiten.***

Nullraff

Null Peilung, was du damit meinst!

Goethe

Ich war ja auch noch nicht fertig. Ein ***Relativsatz*** ist eine bestimmte ***Art von Nebensatz.*** Ich mach das mal an einem Beispiel, dann wird's dir gleich klar:
Die Hausaufgaben, ***die*** *ich machen sollte, waren zu schwer.*
Der Teilsatz ***die ich machen sollte*** ist der ***Relativsatz.***
Er erklärt genauer, was es mit dem ***Bezugswort*** *(die Hausaufgaben)* auf sich hat.

kittycat

Oh, dann sieht das ***Relativpronomen*** ja genauso aus wie ein ***Artikel!*** Mann, das ist aber gar nicht so leicht zu unterscheiden!
*Das Kleid, **das** im Schaufenster hängt, will ich haben.*
*Der Hund, **der** mich gebissen hat, hat die Tollwut.*

Nullraff

Genau, besser hätt ich's auch nicht sagen können. Das ist jedenfalls nichts für mich!

Goethe

Hey, jetzt schieb nicht gleich die nächste Panik. So schwer ist es dann auch wieder nicht. Nur ein bisschen knifflig.
Das Wort sieht zwar aus wie ein Artikel, aber du kannst ganz leicht rausfinden, ob es sich um ein Relativpronomen handelt. Es gibt da nämlich einen ganz einfachen **Trick:**
Setze dafür das Wort ***welcher / welche / welches*** ein: Wenn der ***Sinn*** des Satzes gleich bleibt, ist es ein ***Relativpronomen.***

Nullraff

Danke für den Tipp, ich probier's gleich mal aus:
*Die Hausaufgaben, **welche** ich machen sollte, waren zu schwer.*
*Das Kleid, **welches** im Schaufenster hängt, will ich haben.*
*Der Hund, **welcher** mich gebissen hat, hat die Tollwut.*
Juhu, funktioniert! ☺

kittycat

Hey, das hilft mir ja auch bei der Entscheidung, ob ich ***das*** oder ***dass*** im Nebensatz schreiben muss, oder?
Immer wenn ***welches*** usw. als **Ersatz** nicht passt, ist es kein Artikel und auch kein Relativpronomen, sondern die ***Konjunktion dass.***

Nullraff

Wieder was gelernt! Und gleich zwei Fliegen mit einer Klappe, danke!

20 **Setze die passenden Demonstrativpronomen aus dem Wortspeicher ein.**

diejenige – ~~das~~ – das – denjenigen –
dieses – diejenigen – die – das

Es sind Ferien, und ihr wisst nicht, was ihr tun sollt. Kennt ihr das ? ______ unter euch, die Lust haben, ihre Zeit mit Pfadfindern zu verbringen, wird ______ sicher interessieren: Wir planen ein Überlebenstraining unter freiem Himmel! ______ ist echt eine tolle Sache! ______, die schon mal dabei waren, können es euch bestätigen. Und ______ Jahr wird es sogar noch besser: Für ______ oder ______, der bzw. dem es gelingt, eine besondere Aufgabe zu lösen, gibt es einen Preis.

21 **Umkreise die Relativpronomen und unterstreiche die Nomen, auf die sie sich beziehen.**

Ich suche das <u>Buch</u>, das Julia mir geliehen hat. In der Geschichte, die darin erzählt wird, geht es um Mobbing. Der Text, den ich meine, hat den Titel „Nicht Chicago. Nicht hier.“ Die Autorin, die das Buch geschrieben hat, ist Kirsten Boie. Der Junge, der darin die Hauptrolle spielt, heißt Niklas. Niklas, der von einem neuen Mitschüler gemobbt wird, findet kaum Unterstützung, weil ihm keiner glaubt. Nur sein Vater, den Niklas gegen Ende einweiht, als fast schon alles zu spät ist, unterstützt ihn.

22 **Fasse immer zwei Sätze zu einem zusammen, indem du Relativpronomen verwendest.**

Stefan hat einen Kater. Der Kater heißt Max.

Stefan sucht Max. Max hat sich in der Hecke versteckt.

Der Kater jagt eine Maus. Die Maus sitzt hinter einer Pflanze.

Max springt ins Blumenbeet. Das Blumenbeet ist frisch bepflanzt.

Stefan sieht Max. Max hat gerade die Tulpen zertrampelt.

Stefan schnappt sich den Kater. Der Kater ist sich keiner Schuld bewusst.

23 **Setze die passenden Indefinitpronomen aus dem Wortspeicher in die Lücken ein.**

alle – ~~alles~~ – jeder – jeden – jemand – niemanden – irgendwen – jedes – man – keiner

Erzähl mir keine Märchen: Ich habe alles mit eigenen Augen gesehen.

Nicht ______ sind zu meiner Party gekommen, aber

______, der dabei war, hatte großen Spaß.

Jakob findet immer ______, den er ärgern kann,

deshalb mag ihn ______.

______ soll ______ schlagen. Das weiß doch

______ Kind!

Hat ______ mein Handy gesehen? Ich

habe hier schon ______ gefragt.

24 **Formuliere die Sätze um, indem du die unterstrichenen Wörter durch Demonstrativpronomen ersetzt oder ergänzt.**

Ich möchte das Buch dort.

Ich möchte dieses / jenes (Buch).

Der Hund hier ist meiner. Der Hund dort hinten gehört meinem Freund.

______

Eva spricht mit dem Mann, der an der Tür steht.

______

Ich hätte gerne die rote Blume, nicht die blaue Blume.

______

Die Ledertasche gehört mir. Dir gehört doch die Tasche da drüben!

______

25 **Bestimme die unterstrichenen Pronomen: Indefinit- (IP), Demonstrativ- (DP) oder Relativpronomen (RP)?**

Im Jugendbuch „Im Schatten der Wächter", <u>das</u> (RP) von Graham Gardner verfasst wurde, geht es um Elliot, <u>der</u> ( ) jahrelang von seinen Mitschülern gequält wurde. Als Elliot die Schule wechselt, soll <u>alles</u> ( ) anders werden. An <u>jener</u> ( ) erfindet er einen neuen Elliot, <u>der</u> ( ) sich kaltblütig und abgebrüht gibt. <u>Diese</u> ( ) neue Rolle sieht er als die einzige Chance, um sich zu behaupten. Er würde es <u>niemandem</u> ( ) mehr erlauben, ihn so fertigzumachen! <u>Jeder</u> ( ), <u>der</u> ( ) sich ihm in den Weg stellt, soll <u>das</u> ( ) bereuen. Doch die Macht, <u>die</u> ( ) er dadurch gewinnt, hat einen furchtbaren Preis. <u>Jeder</u> ( ), <u>der</u> ( ) wissen möchte, welche Auswirkungen Mobbing haben kann, sollte <u>dieses</u> ( ) Buch gelesen haben.

26 **Setze ein passendes Pronomen ein: IP = Indefinit-, DP = Demonstrativ- und RP = Relativpronomen.**

Ich habe mehrere *(IP)* Freunde gefragt, aber ______ *(IP)* hat heute Nachmittag Zeit. ______ *(DP)*, ______ *(RP)* normalerweise Zeit haben, müssen heute ______ *(DP)* und ______ *(DP)* erledigen. Wenn ______ *(IP)* für mich Zeit hat, werde ich eben das Buch lesen, ______ *(RP)* ich zum Geburtstag bekommen habe.

2 SÄTZE UND SATZGLIEDER

BEISPIEL

Satzreihe: *Ich gehe raus* ***und*** *du bleibst drin.*
Satzgefüge / Konjunktionalsatz: *Ich gehe raus,* ***weil*** *ich Bewegung brauche.*
Relativsatz: *Die Schuhe,* ***die ich trage,*** *sind neu.*

Präpositionalobjekt: *Ich denke* ***an meinen Hund.***
Adverbiale Bestimmung: *Ich laufe* ***nach draußen.***
Attribut: *Im Baum sitzt ein* ***gelber*** *Vogel.*

VERWENDUNG

Deine eigenen Texte werden dadurch reichhaltiger und du wirst komplizierte Texte besser verstehen.

WIEDERHOLEN

Damit sollten wir uns schon auskennen:
- Adjektiv, Adverb → 17 f.
- Relativpronomen → 23 f., Präposition, Konjunktion
- Subjekt, Prädikat, Objekt
  Unterschied zwischen Haupt- und Nebensatz

Nullraff

Mann, ich glaub's ja nicht: Gerade ist doch tatsächlich mein Vater in mein Zimmer gestiefelt, denn er wollte meine Hausaufgaben kontrollieren. Ich hab ihn wieder rausgeschickt, da ich noch nicht fertig bin. Jetzt muss ich mich aber beeilen, weil er sicher gleich wiederkommt. Also, bitte schnell:
Was ist der ***Unterschied zwischen einem Satzgefüge und einer Satzreihe?***

kittycat

Du hast Nerven, in so einer Situation deinen Laptop anzuschmeißen! Ich mach mal einen Erklärungsversuch, du hast nämlich selbst beides verwendet:
Dein zweiter Satz: *Gerade ist doch tatsächlich usw.* ist eine **Satzreihe.** Die beiden Sätze danach sind **Satzgefüge.**

Goethe

Richtig. In einer ***Satzreihe*** sind meistens zwei oder mehrere **Hauptsätze** miteinander verbunden.
Ein ***Satzgefüge*** besteht dagegen aus einem **Hauptsatz und** einem oder mehreren **Nebensätzen.**

Nullraff

Gut, das hilft mir schon ein bisschen weiter. Aber woran erkenne ich denn, dass da **zwei Hauptsätze** oder **ein Hauptsatz und ein Nebensatz** verbunden sind?

kittycat

Hey, das müsstest du aber inzwischen wissen!
Sind doch die absoluten Basics.

Nullraff

Danke für die Unterstützung! ☹

kittycat

Ist schon gut, ich zeig dir hier mal deine ***Hauptsätze:***

Hauptsatz 1: *Gerade **ist** doch tatsächlich mein Vater in mein Zimmer gestiefelt.*

Hauptsatz 2: *Er **wollte** meine Hausaufgaben kontrollieren.*

Du siehst: Die **Hauptsätze** können **alleine** stehen.

Goethe

Kleine Ergänzung: Die beiden **Hauptsätze** können entweder durch ein **Komma** oder durch ein **Komma und** eine **nebenordnende Konjunktion** (bei dir: *denn*) verbunden werden. Nur bei ***und, sowie, oder*** musst du kein Komma setzen, ich würde es aber trotzdem machen, weil es einfach übersichtlicher ist.

Nullraff

Gut, o. k., kapiert.
Und wie ist das bei den **Satzgefügen?**

Goethe

Da hast du wieder einen **Hauptsatz** und, davon durch ein **Komma** und z. B. eine **unterordnende Konjunktion** abgetrennt, den **Nebensatz.** Der Nebensatz kann **nicht alleine** stehen und die **konjugierte Verbform** steht immer **am Ende.**

kittycat

Also bei dir im Beispiel:

Hauptsatz:	*Jetzt muss ich mich aber beeilen*
Komma + Konj.:	*, weil*
Nebensatz:	*er sicher gleich wiederkommt.*

Nullraff

O. k., gecheckt. Und was ist, wenn ich sage: *Weil er gleich wiederkommt, muss ich mich beeilen?* Sind dann Haupt- und Nebensatz noch immer die Gleichen?

Goethe

Ja klar. Die unterordnende Konjunktion steht doch immer noch zu **Beginn** des Nebensatzes.
Du könntest den Nebensatz übrigens auch in den Hauptsatz **einschieben.**

Hauptsatz, Teil 1:	*Ich muss mich*
Nebensatz:	*, weil er gleich wiederkommt,*
Hauptsatz, Teil 2:	*beeilen.*

Nullraff

Oh Mist, jetzt kommt er! Muss den Laptop runterfahren. Danke!

1 **Verbinde die Hauptsätze mithilfe von Konjunktionen zu Satzreihen.**

Nina und Karla leisteten Hilfestellung. Pauline stürzte zu Boden.

Die Sportlehrerin eilte sofort herbei. Der Unfall war leider schon passiert.

Eine Schülerin wurde ins Sekretariat geschickt. Die Sekretärin sollte einen Krankenwagen rufen.

2 **Unterstreiche im Text alle Satzreihen mit blauer und alle Satzgefüge mit grüner Farbe.**

1 | Mila aus Nepal ist erst zwölf Jahre alt, doch sie schuftet schon wie eine Erwachsene. 2 | Die Familie ist arm, deshalb müssen auch die Kinder zum Arbeiten gehen. 3 | Seit vier Jahren hilft Mila in einem Restaurant, das weit weg von ihrer Familie liegt. 4 | Nicht nur die Familie fehlt Mila, sie muss auch auf vieles andere verzichten. 5 | Sie hat nicht nur kein eigenes Zimmer, sondern ihr fehlt sogar ein Bett. 6 | Oft ist Mila traurig, weil sie sich nach ihrer Familie sehnt. 7 | Aber

sie konnte sich immerhin einen Wunsch erfüllen, denn seit zwei Monaten darf das Mädchen endlich für ein paar Stunden in die Schule gehen.

3 **Unterstreiche die Nebensätze.**

Du fragst dich vielleicht auch, woher die Redewendung „Das Kind mit dem Bade ausschütten" kommt. Du verstehst die Bedeutung besser, wenn du es dir bildlich vorstellst: Nachdem jemand ein Kleinkind in einer Wanne gebadet hat, schüttet er das Badewasser aus. Er vergisst aber, das Kind vorher herauszunehmen. Das ist keine gute Idee, da das Kind dabei womöglich verletzt wird! Die Redewendung bedeutet also, dass eine Handlung oder eine Entscheidung zwar nötig und richtig ist, aber über das Ziel hinausschießt. Man könnte auch sagen, dass zusammen mit dem Schlechten, dem dreckigen Badewasser, auch das Gute, nämlich das Kind, verworfen wird.

4 **Kreuze an: Satzreihe oder Satzgefüge?**

	Satzreihe	Satzgefüge
a | Jakob ärgert sich, denn er hatte Streit mit seinen Eltern.	☐	☐
b | Seine Eltern meinen, dass er zu viel vor dem PC sitzt.	☐	☐
c | Sie haben die Zeit, die er am PC sitzen darf, beschränkt.	☐	☐
d | Jetzt darf er nur noch eine halbe Stunde am Tag am PC sitzen und er muss vorher seine Hausaufgaben erledigt haben.	☐	☐

5 **Füge passende Konjunktionen aus dem Wortspeicher ein. Entscheide, ob es sich um Satzreihen oder Satzgefüge handelt.**

dass – ~~und~~ – weil – und – dass – denn – und – damit – deshalb

Ich habe gerade ein Buch gelesen, das mir sehr gefallen hat, ______ ich möchte es dir empfehlen (Satzreihe). Das Buch heißt „Vorstadtkrokodile" ______ es stammt von dem Autor Max von der Grün (______). Die Bande der Vorstadtkrokodile heißt so, ______ sie als Erkennungszeichen ein Krokodil auf die Hose genäht haben (______). Sie treffen sich immer heimlich auf einem alten Ziegeleigelände, ______ dort sind sie ungestört (______). Jeder muss eine Mutprobe bestehen, ______ er oder sie in die Bande aufgenommen werden kann (______). Eines Tages geschieht es aber, ______ ein Junge bei einer Mutprobe in eine lebensbedrohliche Situation kommt (______). Die meisten Bandenmitglieder laufen weg, ______ nur durch die Hilfe des Mädchens Maria kann er gerettet werden (______). Du sollst natürlich noch Lust haben, das Buch zu lesen, ______ verrate ich dir jetzt besser nichts mehr (______). Ich kann dir aber sagen, ______ es bis zum Schluss spannend bleibt (______).

DJ_Smile

Hey Leute, als ich beim letzten Mal reingeschaut hab, ging's grad um Satzgefüge (→ S. 30 f.). Ich hab da auch 'ne Frage zu: Hat hier jemand schon mal was von **Konjunktionalsätzen** gehört? Hat das was damit zu tun?

?

kittycat

Na, ich würd mal sagen, das hat was mit **Konjunktionen** zu tun. 😉
Sind also wahrscheinlich **Nebensätze,** die durch eine **Konjunktion** eingeleitet werden.

Goethe

So ist es, kittycat! Die meisten Nebensätze beginnen mit einer **unterordnenden Konjunktion,** z. B.:
*Ich nehme an, **dass** du das nicht weißt, **weil** du nicht aufgepasst hast.*

DJ_Smile

Klar hab ich aufgepasst! Für mich klang das nur so fremd, aber jetzt hab ich's, glaub ich, verstanden. Ich probier's zur Sicherheit gleich mal aus:

Hauptsatz: *Ich nehme an,*
Nebensatz 1: *dass du das nicht weißt,*
Nebensatz 2: *weil du nicht aufgepasst hast.*

?

Richtig?

kittycat

Sieht gut aus. Du könntest jetzt natürlich auch sagen:
***Weil** du nicht aufgepasst hast, nehme ich an, **dass** du das nicht weißt.*

Goethe

Ja, du kannst den Nebensatz
– **voranstellen,** wie es kittycat gemacht hat, oder
– **nachstellen,** wie im Beispiel von DJ_Smile, oder
– **einschieben.** Das würde dann z. B. so aussehen:

Hauptsatz: *Du verstehst,*
Nebensatz: ***nachdem du mit uns gechattet hast,***
Hauptsatz: *wesentlich mehr von der Sache.*

Der Nebensatz teilt jetzt den Hauptsatz in zwei Teile auf.

DJ_Smile

Na, das will ich hoffen, dass ich am Ende schlauer bin … Aber was sagt ihr denn zu diesem Satz hier:

Die Aufgabe, die der Lehrer gestellt hat, dient der Vorbereitung des Grammatiktests, der in der nächsten Woche geschrieben wird.

Da hab ich ja gar keine Konjunktionen, oder? Also auch keine Nebensätze? Oder?

kittycat

Also ich würd schon sagen, dass da jede Menge Nebensätze sind. Der **Hauptsatz** ist:
Die Aufgabe dient der Vorbereitung des Grammatiktests.

Goethe

Klar, das ist auch ein Satzgefüge. Nur werden hier die Nebensätze durch ***Relativpronomen*** (→ S. 23) eingeleitet. Deshalb heißt dieser Typ von Nebensatz auch ***Relativsatz.***

DJ_Smile

Hä, jetzt steh ich auf dem Schlauch. 😟 Kannst du mir das mal in meinem Beispielsatz anmarkern?

kittycat

Mach ich, ist eigentlich relativ einfach … 😉

Nebensatz 1: ***die*** *der Lehrer gestellt hat*
Nebensatz 2: ***der*** *in der nächsten Woche geschrieben wird*

DJ_Smile

O. k., dann sind also ***die*** und ***der*** ***Relativpronomen,*** oder?

Goethe

Yep. Erkennst du daran, dass sie sich ***auf ein Wort im Hauptsatz beziehen.*** In deinem Beispiel ist das:

Nebensatz 1: ***die*** → *Aufgabe*
Nebensatz 2: ***der*** → *Grammatiktest*

DJ_Smile

Ah, verstehe. So langsam erinnere ich mich auch wieder an die Relativpronomen.
Nur eine klitzekleine Frage noch dazu: Wie sieht es denn aus, wenn ich den Satz ein bisschen verändere, nämlich:

Die Aufgabe, in der es um die Satzarten ging, war schwierig.

Hauptsatz: *Die Aufgabe war schwierig.*
Nebensatz: *in der es um die Satzarten ging.*

Hauptsatz ist mit inzwischen klar, aber stimmt das so mit dem Nebensatz?

Goethe

Ja, perfekt. Und der Nebensatz ist tatsächlich auch ein ***Relativsatz.*** Das **Relativpronomen** ist ***der.*** Einziger Unterschied zum vorherigen Beispiel ist, dass du hier vor dem Relativpronomen noch eine ***Präposition*** hast, nämlich ***in.***

kittycat

Und das darf also sein?

Goethe

Ja. Vor dem Relativpronomen kann eine Präposition stehen:

*Die Dächer, **auf denen** Tauben sitzen, sind sicherlich ziemlich verschmutzt.*
*Die Kommode, **unter der** die Katze liegt, ist alt.*
*Der Wandteppich, **hinter dem** der Tresor versteckt ist, hat ein scheußliches Muster.*

Noch mehr Beispiele gefällig?

DJ_Smile

Nee, super, hab's kapiert.
Vielen Dank, auch für die vielen Beispiele.
Ihr seid mal wieder meine Rettung!

6 **Setze die passenden Konjunktionen aus dem Wortspeicher ein.**

nachdem – ~~als~~ – nachdem – während – ehe – dass – da – dass

Als der Notarzt am Einsatzort in einem Einkaufszentrum erschien, stieß er auf eine kuriose Szene: ______ sich eine tropfnasse Frau die blutende Nase hielt, hingen mehrere Passanten über dem Geländer eines Springbrunnens. ______ der Notarzt die Frau versorgt hatte, fragte er, was denn geschehen sei. Die Frau berichtete, ______ sie durch die Passage gelaufen sei und dabei eine SMS in ihr Handy getippt habe. Deshalb habe sie nicht wahrgenommen, ______ da ein Brunnen stand. ______ sie noch reagieren konnte, sei sie kopfüber in den Brunnen gestürzt. ______ ihre Tasche offen gewesen sei, habe sich der Inhalt in den Brunnen entleert. ______ die Leute ihr aus dem Brunnen geholfen hatten, hätten sie versucht, die Sachen aus ihrer Tasche aus dem Brunnen zu fischen.

7 **Verbinde jeweils zwei Hauptsätze zu einem Satzgefüge, indem du geeignete Relativpronomen verwendest.**

Die Schülerin ist neu in der Klasse. Sie feiert heute Geburtstag.

Die Schülerin, die ______

______

Der Mann hat dem Kind geholfen. Es wurde von einem Hund angefallen.

Der Test ist sehr schwer. Der Test findet morgen statt.

Das Haus wurde erst kürzlich renoviert. Das Haus ist eingestürzt.

Der Berg ist sehr steil. Wir besteigen den Berg.

8 **Formuliere zu dem Bild fünf Konjunktionalsätze in deinem Übungsheft.**

9 **Unterstreiche die Konjunktionalsätze mit grüner und die Relativsätze mit blauer Farbe.**

Eine Reise mit einem Schiff, das in die große weite Welt fährt, ist sehr teuer. Heute darfst du die Reise, die du dir von deinem Taschengeld sicher nicht leisten kannst, zumindest in Gedanken durchführen. Bevor du zu deiner Reise aufbrechen kannst, solltest du gut planen. Suche dir dazu Informationen, die du im Internet oder in Reiseführern findest. Nachdem du diese Informationen durchgesehen hast, kannst du entscheiden, wohin die Reise gehen soll. Beschaffe dir eine Karte, in die du die Route einzeichnen kannst. Markiere die Häfen, an denen dein Schiff halten soll. Damit du am Ende deiner Fantasiereise viel zu berichten hast, musst du dir für die Zwischenstationen natürlich ein Programm überlegen. Du kannst jetzt, nachdem du die Reise geplant hast, Fantasiepostkarten von dieser Reise schreiben. Du kannst darin nicht nur von der Fahrt auf dem Schiff, sondern auch von den Erlebnissen in den Hafenstädten berichten.

10 **Ergänze die passenden Präpositionen in den Relativsätzen.**

Die Tasse, ________ die Anna den Kaffee schüttet, ist bunt.

Der Tisch, ________ dem die Tasse steht, ist wackelig.

Die Kanne, ________ der Anna einschenkt, tropft.

Der Kuchen, ________ dem sie ein Stück nimmt, ist lecker.

DJ_Smile

So, liebe Leute, jetzt reicht's mir: Ich hab schon zum dritten Mal meine Hausaufgabe zurückbekommen mit dem Kommentar, dass ich ein **Satzglied** falsch bestimmt hätte. Was, bitte, ist denn hier falsch?

Wir **(= Subjekt)** *fahren* **(= Prädikat)** *mit der Bahn* **(= Dativobjekt)** *und besuchen* **(= Prädikat)** *meine Tante* **(= Akkusativobjekt).**

Nullraff

Keine Ahnung. Vielleicht, weil du das Wörtchen *und* vergessen hast?

Goethe

Nee, das ist nicht das Problem. Aber guck doch mal deine **Objekte** genau an und überleg, wie du danach fragst. Vielleicht findest du dann selbst den Fehler.

DJ_Smile

Weiß zwar nicht, was das bringen soll, aber gut:

Mit wem oder was fahren wir? Mit der Bahn.
Wen oder was besuchen wir? Meine Tante.

Stimmt doch, oder?

Goethe

Ganz genau. Nur beim zweiten reicht dir die Frage: ***Wen oder was?*** Akkusativobjekt ist also richtig. Bei der ersten Frage brauchst du aber zusätzlich die **Präposition,** um zur richtigen Antwort zu kommen: ***mit*** *wem oder was?* bzw. *wo**mit?*** Das ist also kein „normales" Objekt, sondern ein **Präpositionalobjekt.**

Nullraff

Ach was, sag bloß. So was gibt es? Nie gehört.

DJ_Smile

Wusste ehrlich gesagt auch nicht, dass es das gibt. Es ist also schon ein Objekt, aber eines, bei dem die Präposition immer dabeibleibt?

Goethe

Korrekt. Du erkennst es daran, dass du es bei der **Umstellprobe** mitsamt der Präposition an eine andere Stelle setzen kannst.

***Mit der Bahn** fahren wir und besuchen meine Tante.*
*Wir besuchen meine Tante und fahren **mit der Bahn.***

DJ_Smile

Stimmt. Und bei der **Ersatzprobe** ist es auch so:

*Wir fahren **mit der Bahn / mit dem Auto / auf dem Fahrrad** und besuchen meine Tante.*

Nullraff

O.k., ich muss mir also merken, dass es neben dem **Akkusativ-, Dativ- und Genitivobjekt** noch ein viertes Objekt gibt. Und wie war noch mal die Frage, mit der ich dieses Präpositionalobjekt finde?

Goethe

Du brauchst für die **Frage nach dem Präpositionalobjekt** immer auch die dazugehörige **Präposition.**
Du fragst also z.B.: ***auf was?, mit was?, über wen?, von wem?, zu wem?***
Ich zeig dir das noch einmal an mehreren Beispielen:

*Er wartet **auf seine Freundin.***
Frage: ***Auf wen oder was** wartet er?*

*Antje postet einen Bericht **über ihren Urlaub.***
Frage: ***Über wen oder was** postet sie einen Bericht?*

*Sie erhält eine SMS **von ihrer Freundin.***
Frage: ***Von wem** erhält sie eine SMS?*

DJ_Smile

Gut, das hab ich verstanden, danke!

Nullraff

Krass, wieder was gelernt. ☺

11 Setze passende Präpositionalobjekte aus dem Wortspeicher ein.

von einem Freund – über das Internet –
auf diese Reise – mit der Bahn – für einen Bauernhof

In den Ferien fahren wir ______ nach Österreich. Die Fahrkarten haben wir ______ gebucht. Wir haben ______ eine Empfehlung ______ erhalten. ______ freue ich mich schon sehr.

12 Formuliere jeweils die Frage, die dich zum Präpositionalobjekt führt, und unterstreiche dieses.

Anne ist <u>auf deine Hilfe</u> angewiesen.

Frage: Worauf ist Anne angewiesen?

Er leidet an einer unbekannten Krankheit.

Frage: ______

Kerem geht am Nachmittag zu seinem Freund.

Frage: ______

Konrad macht sich über Georg lustig.

Frage: ______

Samira fährt mit ihrer Freundin in die Türkei.

Frage: ______

13 **Hier sind die Präpositionalobjekte durcheinandergeraten. Bringe sie in die richtige Ordnung und unterstreiche jeweils das Präpositionalobjekt.**

a | Phillip sitzt durch die Großstadt.

Phillip sitzt <u>auf seinem Stuhl</u>.

b | Der Hund knabbert an meinem Verstand.

c | Ich zweifle an seinem Knochen.

d | Der Junge fragt <u>auf seinem Stuhl</u>.

e | Lisa stolpert für das Geburtstagskind.

f | Der Busfahrer fährt nach seiner Note im Grammatiktest.

g | Das Geschenk ist über die Bordsteinkante.

14 **Finde durch die Umstellprobe heraus, ob der Satz ein Präpositionalobjekt enthält. Unterstreiche gegebenenfalls das Präpositionalobjekt. Verwende dazu dein Übungsheft.**

Er wartet auf seine Freundin.
Der Junge füttert seinen Hund.

Du freust dich über meine SMS.
Der Arzt hilft dem Verwundeten.
Das Dach ist mit blauen Ziegeln gedeckt.
Joshua bringt seinen Hamster zu Paul.

15 **Ersetze jeweils das Präpositionalobjekt durch ein anderes aus dem Wortspeicher.**

~~auf den Beginn des Spiels~~ – an das Gute im Menschen – mit einem Schüler – auf die Aufgabe – für das Geschenk – nach dem Kuchen im Ofen

Das Publikum wartet auf den Anpfiff.

Das Publikum wartet auf den Beginn des Spiels.

Felix sieht nach den Kindern.

Die Schüler konzentrieren sich auf den Unterricht.

Sophie dankt für die Aufmerksamkeit.

Die Lehrerin spricht mit ihren Kollegen.

Tina und Marie glauben an Wunder.

Nullraff

Heul Ich steck schon wieder in der Bestimmung von **Satzgliedern** fest. Brauche eure Hilfe bei den unterstrichenen Satzgliedern. Was ist das?

Bis gestern hielt ich mich für einen Helden.
Wir hatten auf dem Rasen Fußball gespielt.
Aufgrund eines Fouls wurde ein Elfmeter angesetzt.
Mit voller Kraft habe ich den Ball im Tor versenkt.
Später wurde das Tor jedoch aberkannt.

?

kittycat

Wie geht das denn? Man kann doch nicht nachträglich ein Tor aberkennen? Komischer Text. Ich glaube übrigens, dass das alles adverbiale Ergänzungen sind.

Goethe

Ja, da hast du völlig recht. Die unterstrichenen Satzglieder sind ***adverbiale Bestimmungen.*** Sie **bestimmen** den Sachverhalt **genauer.**
Du findest sie mithilfe der Fragen: ***wann?, wie?, wie lange?, wo?, warum?*** usw.

kittycat

Ich übernehm das mal für deinen (seltsamen) Text:

Wie lange?	*Bis gestern*
Wo?	*auf dem Rasen*
Warum?	*Aufgrund eines Fouls*
Wie?	*Mit voller Kraft*
Wann?	*Später*

Nullraff

Leute, das ging aber schnell, danke!
Haben die dann, je nach Frage, auch unterschiedliche Namen?

?

Goethe

Ja, das ist wie bei den Adverbien (→ S. 18):

TYP DER ADVERBIALEN BESTIMMUNG		FRAGE
Temporaladverbiale	(Zeit, Dauer)	wann?, wie lange?, wie oft?
Lokaladverbiale	(Ort, Richtung)	wo?, wohin?, wie weit?
Kausaladverbiale	(Grund)	warum?, weshalb?
Modaladverbiale	(Art und Weise)	wie?, wie sehr?, wie viel?, auf welche Art und Weise?

kittycat

So weit klar. Aber jetzt hab ich auch mal 'ne Frage: Wenn ich mir die Beispielsätze so angucke, dann stehen da ja oft Präpositionen bei den adverbialen Bestimmungen. Wie kann ich die eigentlich vom Präpositionalobjekt (→ S. 41 f.) unterscheiden?

Goethe

Gut aufgepasst, kittycat! Das ist wirklich eine knifflige Angelegenheit. Du musst da ganz genau auf die Fragestellung achten:

Nach einer adverbialen Bestimmung fragst du immer nur mit dem **speziellen Fragewort.** Beispiel:
*Der Hund steht **auf der Wiese.***
***Wo** steht er?* → Lokaladverbiale

Beim Präpositionalobjekt steckt die **Präposition mit in der Frage.** Beispiel:
*Der Hund steht **auf leckere Knochen.***
***Worauf / Auf was** steht er?* → Präpositionalobjekt

Nullraff

Hä? *Der Hund steht auf Knochen. **Wo steht er?** Auf Knochen* ... Mann, Goethe – deine Beispiele sind manchmal echt komisch!

kittycat

Nee, lies doch mal genau: Der Hund steht doch nicht *auf **den** Knochen,* sondern *auf **die** Knochen!* Und die Präposition hängt am Verb dran, wenn ich das richtig sehe. *Ich stehe **auf etwas oder jemanden.*** Klar?

Nullraff

Jaja, ist ja gut. Hab noch eine viel wichtigere Frage: Ist das Unterstrichene hier auch eine adverbiale Bestimmung?
Ich habe einen blauen Fleck am Schienbein.
Wie ist der Fleck? Also Modaladverbiale?

Goethe

Leider voll daneben! Das ist ein Attribut (eine Beifügung). Das Attribut gehört zu einem **Substantiv** und bleibt immer mit diesem verbunden. Du kannst das gut sehen, wenn du die Umstellprobe durchführst:
*Am Schienbein habe ich einen **blauen** Fleck.*
*Einen **blauen** Fleck habe ich am Schienbein.*

kittycat

Das heißt also, dass ein **Attribut kein eigenständiges Satzglied** ist, denn es bleibt ja bei der Umstellprobe quasi am Substantiv kleben, oder?

Goethe

Hey, „kleben" gefällt mir! 😊 Ja, es bleibt immer mit seinem Bezugswort verbunden. Das kann übrigens vorne oder hinten stehen, so wie hier:
Ich hätte gerne das <u>Kuchenstück</u> ***mit der Himbeere.***

Nullraff

Oh, aber das sieht jetzt ganz anders aus als die Sache mit dem blauen Fleck. Ich hätte jetzt gedacht, dass ein Attribut automatisch ein Adjektiv ist.

Goethe

Tja, falsch gedacht. Das **Attribut** erläutert immer **besondere Merkmale** einer Person oder Sache.
Das heißt aber nicht, dass es deshalb immer ein **Adjektivattribut** sein muss. Es gibt auch noch andere, wie z. B. das **präpositionale Attribut** (siehe gerade das Beispiel mit dem Himbeerkuchen).
Oder das **Genitivattribut,** wenn du z. B. sagst:
Die unterste <u>Schicht</u> ***dieses Kuchens*** *schmeckt besonders gut.*

Nullraff

Oh nein, gibt's da noch mehr davon? 😟

kittycat

Kann ja eigentlich nicht so schwer sein, die zu finden. Du musst nur gucken, welches Substantiv noch genauer bestimmt wird. Dann müsste im Satz:
Mein *<u>Kuchen</u> ist besonders gelungen.*
das **Pronomen** ***Mein*** auch ein **Attribut** sein.

Goethe

Korrekt. Du solltest außerdem noch die **Apposition** kennen. Die steht meistens zwischen zwei Kommas nach dem Bezugswort. Du erkennst sie daran, dass du sie **anstelle des Bezugswortes** setzen kannst, ohne dass der Sinn verloren geht. Beispiel:
Der <u>Kuchen</u>, ***eine Art Himbeertorte,*** *schmeckt hervorragend.*

16 **Ordne die unterstrichenen adverbialen Bestimmungen in eine Tabelle nach dem unten stehenden Muster ein. Verwende dazu dein Übungsheft.**

Einst lebte Sigurd im Wald beim Schmied Mimir. Der Knabe wurde mit der Zeit sehr stark. Er verprügelte zunächst die Knechte und zerschlug gleich darauf den Amboss. Wegen seiner Angst vor dem Knaben bat Mimir seinen Bruder, ihm zu helfen. Dieser verwandelte sich schnell in einen Drachen und wollte den Knaben nun umbringen. Deswegen schickte Mimir Sigurd in den Wald, in dem der Drachen hauste, um Kohlen zu brennen. Der Knabe erschlug jedoch rasch den Drachen mit einem Baumstamm. Danach kochte er sich das Drachenfleisch zum Abendessen. Durch den Genuss des Drachenblutes verstand er plötzlich die Vogelsprache. Er hörte zwei Vögeln zu, die sagten, dass Mimir ihn töten wolle. Er merkte, dass durch die Berührung des Drachenblutes seine Haut hart wie Horn wurde. Eilig bestrich er sich mit dem Drachenblut am ganzen Körper. Nur zwischen die Schultern kam er nicht. An dieser Stelle blieb Sigurd ewig verwundbar.

TEMPORAL	LOKAL	KAUSAL	MODAL
einst			

17 **Formuliere die Frage nach den adverbialen Bestimmungen in den Sätzen und unterstreiche sie.**

Der Baron Münchhausen hat heute mehrere Gäste eingeladen.

Frage: Wann

Alle sind in sein Schloss gekommen.

Frage:

Denn der Lügenbaron erzählt auf unterhaltsame Weise seine Jagdgeschichten.

Frage:

18 **Unterstreiche die adverbialen Bestimmungen farbig:**
rot = temporal, blau = lokal, grün = modal.

Einmal ritt Baron Münchhausen mitten im Winter durch eine verlassene Gegend. Ringsum sah er weite Schneeflächen und ödes Land. Erst in der Dämmerung stieg er vom Pferd. Im Schnee entdeckte er einen spitz zulaufenden Ast, dort band er sein Pferd an. Erschöpft schlief er ein. Nach dem Erwachen sah er sein Pferd an der Kirchturmspitze hängen. Der Schnee war nachts geschmolzen. Am Abend davor hatte er die Kirchturmspitze als Ast angesehen. Er feuerte einen gezielten Schuss ab und befreite schließlich sein Pferd. Dieses sprang in hohem Satz auf den Boden. Münchhausen konnte pünktlich weiterreisen.

19 **Füge die adverbialen Bestimmungen passend ein.**

wegen des Backofens – häufig – wirklich – mit großem Eifer – völlig verschwitzt – früh am Morgen – in der Backstube – nach Hause

Wer Bäcker werden will, sollte ______ dabei sein, denn es ist ______ anstrengend. Man muss seine Arbeit ______ beginnen. ______ herrscht ______ ______ große Hitze. ______ kommt man ______ ______.

20 **Adverbiale Bestimmung oder Präpositionalobjekt?**
Formuliere die Frage und bestimme das Satzglied genau.

Gestern traf Jojo auf einen alten Bekannten.

Frage: Auf wen traf er? ->

Dieser war gerade auf dem Weg nach Hause.

Frage:

Er sprach Jojo auf ihre gemeinsame Vergangenheit an.

Frage:

Sie hatten gemeinsam im Fußballverein gespielt.

Frage:

Doch einmal hatte Jojo nicht auf ein Loch im Rasen geachtet und hatte sich verletzt.

Frage:

21 **Setze jeweils ein passendes Attribut in die Lücke ein.**

Präpositionales Attribut: Der Baum mit der ______ ist eine Eiche. – ***Adjektivattribut:*** Dieser ______ Baum steht oft in Mischwäldern. – ***Genitivattribut:*** Die Wurzeln ______ reichen bis zum Grundwasser. – ***Präpositionales Attribut:*** Das Eichenblatt ______ ist auf der Rückseite des deutschen Fünfcentstücks abgebildet.

22 **Trenne zunächst die Satzglieder durch Schrägstriche voneinander. Unterstreiche danach die adverbialen Bestimmungen und die Präpositionalobjekte. Schreibe die genaue Bezeichnung jeweils auf die Linie darunter.**
Hebe schließlich die Attribute farbig hervor und bestimme sie ebenfalls genauer.

Das Buch / „Sieben Minuten nach Mitternacht" / handelt vom

Apposition

dreizehnjährigen Jungen Conor. Jede Nacht wird er von

einem furchterregenden Monster besucht. Er fürchtet sich

aber nicht vor dem Monster in der Gestalt eines Baumes.

Viel mehr fürchtet er sich vor einem monströsen Albtraum.

Das unheimliche Monster will Conor nämlich helfen. Er

soll sich der schrecklichen Wahrheit stellen. Denn nur so

kann er am Ende befreit sein von seinem Albtraum …

3 RECHTSCHREIBUNG UND ZEICHENSETZUNG

BEISPIEL

*Zu seinem Fest kamen **v**iele.*
*Kaja kommt als **E**rster, die **L**etzte ist Lina.*

*Vor einem Referat bin ich **schrecklich nervös.***
*Gerne würde ich mich **krankschreiben** lassen.*

*An**statt** mir das **End**spiel anzugucken, **ent**schied ich mich für einen **Stadt**bummel.*

VERWENDUNG

Groß- und Kleinschreibung und Kommasetzung erleichtern das Lesen deiner Texte. Getrennt- oder Zusammenschreibung und die Schreibweise ähnlich klingender Laute verändern den Sinn deiner Aussage.

WIEDERHOLEN

Das sollten wir schon kennen:
- Substantiv, Pronomen → 22 f., Artikel, Adjektiv, Adverb → 17 f.
- Unterschied zwischen Satzreihe und Satzgefüge → 30 f., 35 ff.

kittycat

Na, alle fit? Ich hätte da nämlich mal 'ne richtig fiese Frage zur **Groß- und Kleinschreibung.**
Warum schreib ich: *Du bist die* ***E****inzige, die ich mag.*
Aber: *Ich mag nur* ***w****enige aus meiner Klasse?*
Ist doch beide Male die gleiche Wortart!

DJ_Smile

Klingt ja irgendwie traurig, dass du nicht ganz **v**iele / **V**iele (groß oder klein?) magst. ☹ Hoffe mal, dass die Beispielsätze nicht der Wirklichkeit entsprechen.

Goethe

Hi kittycat! Ich kann dir dazu ***alles Mögliche*** erklären, aber ***manches*** musst du einfach lernen ... ☺
Als Regel gilt: **Unbestimmte Zahladjektive** schreibt man in der Regel **klein.** Du schreibst sie nur dann **groß,** wenn sie **als Substantiv gebraucht** werden.
Das gilt übrigens auch für die **Ordnungszahlen** und die verwandten Wörter ***nächste*** und ***letzte,*** wenn sie **substantiviert** sind:
Er kommt als ***Z****weiter an die Reihe.*
Der ***N****ächste steht schon an.*
Der ***L****etzte räumt auf.*

kittycat

Aha, jetzt geht das wieder los mit dem: *In der Regel* ... Das war ja genau meine Frage! In meinem Beispiel stehen zwei unbestimmte Zahladjektive (nämlich: *Einzige, wenige*), genauso wie in deiner Antwort (*Mögliche, manches*), aber mal schreib ich klein, mal groß. Versteh ich nicht!

Goethe

Ja, sorry, so ist das mit Regeln: Es gibt immer Ausnahmen. Die folgenden vier Wörter schreibst du **im Allgemeinen klein:**

viel:	*Zu meinem Fest kamen* ***v****iele.*
wenig:	*Ich hatte nur* ***w****enige eingeladen.*
ein:	*Die* ***e****inen kamen, die* ***a****nderen gingen.*
andere:	*Unter* ***a****nderem kamen Lisa und Tino.*

DJ_Smile

Und was ist dann mit *manche?* Ich mein, in dem Beispiel, *dass man* ***manches*** *einfach lernen muss?*

Goethe

Stimmt: **Unbestimmte Pronomen** (Indefinitpronomen), wie z. B. *alle, jemand, keiner, niemand,* schreibst du **in der Regel klein,** also auch:

manche:	*Zu dem Fest brachten **m**anche etwas mit.*
jede:	*Nicht **j**eder hatte etwas dabei.*
beide:	*Tino und Lisa sind **b**eide meine Freunde.*
einige:	*Es kamen **e**inige, die ich nicht kannte.*

kittycat

I see, I see – das muss ich wohl einfach auswendig lernen. Dann überleg ich mir zu diesen Ausnahmen mal einen guten Merkspruch.

DJ_Smile

Genau, und dann am morgen, mittag, nachmittag und abend aufsagen, da kannst du es bestimmt bald im Schlaf. Schick den Spruch doch mal rüber, wenn du ihn hast – würde mir bestimmt auch nicht schaden.

kittycat

Mach ich! Aber ich glaube, es müsste *am **M**orgen, **M**ittag, **N**achmittag und **A**bend* heißen, oder?

Goethe

Ganz genau. Du benutzt die ***Tageszeiten*** doch als ***Substantive,*** deshalb schreibst du sie **groß.** Du erkennst das daran, dass du **einen Artikel oder ein Pronomen davorsetzen** kannst. Du hast z. B. *am (= an dem) Morgen* usw. geschrieben.

DJ_Smile

O. k. Und wenn ich z. B. ***morgen N**achmittag* meine – ist dann die Großschreibung auch richtig?

Goethe

Ja. ***Tageszeiten nach den Adverbien gestern, heute, morgen*** kannst du auch als **Substantive** sehen. Deshalb schreibst du sie **groß,** wie hier zum Beispiel:
*Ich habe **gestern A**bend einen guten Film gesehen. Für **morgen N**achmittag habe ich noch nichts ausgemacht. Aber **heute M**ittag habe ich noch was vor.*
Und deshalb muss ich jetzt los und sage euch: Tschüss und bis morgen!

1 **Entscheide jeweils, ob klein- oder großgeschrieben werden muss. Streiche die falsche Schreibweise durch.**

Zu Jakobs Fest sind **viele / Viele** gekommen. Nur **wenige / Wenige** haben abgesagt. Kaja war der **erste / Erste,** als **nächste / Nächste** kam Sophie, der **dritte / Dritte** war Louis, als **vierter / Vierter** Gast erschien Nele und Lina war die **letzte / Letzte.** Ralf war der **einzige / Einzige,** der nicht verkleidet war. Alle **anderen / Anderen** hatten lustige Faschingskostüme an. Ein **paar / Paar** hatten ihre Kostüme gekauft, **manche / Manche** hatten sie selbst genäht, nur **wenige / Wenige** Gäste hatten sich welche im Kostümverleih geholt. Die **eine / Eine** kam als Magierin, der **andere / Andere** als Popstar. Lina und Sophie kamen **beide / Beide** als Räuberbraut.

2 **Setze die passenden Wörter aus dem Wortspeicher ein und achte auf die richtige Schreibweise.**

AM ABEND – HEUTE MORGEN – ~~MORGENS~~ –
MORGEN VORMITTAG – ZUM NACHMITTAG

Morgens, wenn der Wecker klingelt, bin ich immer müde. Aber __________ war es besonders schlimm. Die Müdigkeit hielt bis __________ an. Erst __________ war ich wieder einigermaßen fit. Wenn ich __________ wieder so müde sein sollte, werde ich zu Hause bleiben.

3 **Hier sind Groß- und Kleinschreibung manchmal durcheinandergeraten. Schreibe die korrigierte Fassung in dein Übungsheft. Vorsicht: Nicht alles ist falsch!**

am Letzten freitag verbrachten lovis Und Robin Einen ganzen nachmittag Unfreiwillig im geräteraum der schulturnhalle. eine putzfrau Befreite Die Beiden durch zufall Aus Ihrem gefängnis. die beiden schüler Der klasse 6c Hatten sich am ende Des unterrichts in dem Angrenzenden geräteraum Versteckt, um Nicht Beim abbau Helfen zu Müssen. versehentlich Sperrte Der sportlehrer, herr Rübling, Die türe Ab, Nachdem alles Aufgeräumt war. obwohl Jeder von Ihnen um hilfe Geschrien Hatte Und Sie Das eine Oder Andere ausprobiert Hatten, um Sich Aus der Misslichen lage Zu Befreien, Wurden Sie Erst am abend Von der putzfrau entdeckt. die eltern der Beiden Hatten Sich Bereits Viele sorgen gemacht Und Dabei Alles mögliche in betracht Gezogen. am Ende war Jeder Froh, die jungen Unversehrt Wiederzusehen.

4 **Setze den Text in den Gedankenblasen in einen Bericht der Ereignisse um. Achte darauf, dass sich die Formulierungen nicht zu stark wiederholen. Verwende dazu dein Übungsheft und achte auf die Groß- und Kleinschreibung.**

ich habe anna zuletzt gestern morgen gesehen.

anna begegnete mir noch am mittag im schulbus.

sie wurde am vormittag von einem typen angequatscht.

ich habe beobachtet, wie sie als erste den schulbus verlassen hat.

anna war heute morgen nicht in der schule.

ich habe am frühen abend eine sms von ihr erhalten.

ihre mutter hat mir gesagt, dass sie in der nacht in ihrem bett lag.

der typ gestern vormittag in der pause war doch ihr bruder.

die polizei hat sie noch am vormittag gefunden. sie hat geschwänzt.

DJ_Smile

Leute, ich könnte echt ... Wir haben heute ein Diktat geschrieben und ich hatte tatsächlich 24 Fehler. Jetzt muss ich das Ding verbessern und hänge beim folgenden Satz:
Als der Clown seine Späßchen machte, musste ich lautlachen.
Was, bitte, ist da falsch?

Nullraff

Mach dich locker, ich hatte im letzten Diktat über 30 Fehler.

Goethe

Kommt immer darauf an, wie viele Wörter das Diktat insgesamt hat. 😉 Aber mal im Ernst: Die ***Getrennt- und Zusammenschreibung*** ist eben nicht so einfach. Es muss nämlich heißen: ***laut lachen.***
Adjektiv + Verb schreibst du **in der Regel getrennt.**

DJ_Smile

Ah, jetzt versteh ich das! 😎 Na, da hab ich noch viele Fehler von dieser Sorte.
Aber hey, warum ist dann ***krankschreiben*** richtig? Oder hat da meine Lehrerin nur vergessen, einen Fehler zu markieren?

Goethe

Nee, das stimmt schon. Nur dann, und wirklich nur dann, wenn durch die ***Verbindung eine neue Bedeutung*** entsteht, schreibst du **zusammen.** Also:
Die Schülerin lässt sich vom Arzt ***krankschreiben.***

Nullraff

Hä? Was heißt denn das wieder? Check ich nicht.

Goethe

Naja, überleg doch mal! Der Sinn ist ja: Sie hat sich vom Arzt ein Attest darüber geben lassen, dass sie krank ist. Das ist etwas anderes als ***krank schreiben,*** was genau genommen bedeutet, dass derjenige, der etwas schreibt, krank ist.

DJ_Smile

Ja klar, versteh schon. Ich muss also immer überlegen, welche Bedeutung das Ganze hat, oder?

Goethe

Korrekt! Helfen kann dir auch, dass du überprüfst, ob man das ***Adjektiv erweitern oder steigern*** kann. Wenn das geht, schreibst du **getrennt.**
Aber ***kränker*** *schreiben* oder ***sehr krank*** *schreiben* gibt es nicht in diesem Zusammenhang.

DJ_Smile

Guter Tipp! Gilt das für alle Verbindungen mit Adjektiven? Also schreibt man die grundsätzlich eher getrennt als zusammen?

Goethe

Kann man so sagen. Bei ***Adjektiv + Adjektiv*** ist es so: Adjektive mit der **Endung *-ig, -isch, -lich*** stehen immer **getrennt** vom nachfolgenden Adjektiv, z. B.: *riesig groß, mikroskopisch klein, schrecklich nervös.*

Nullraff

Klingt irgendwie zu einfach, um wahr zu sein. Gibt's da nicht wieder tausend Ausnahmen? Ha, mir fällt sogar gleich eine ein: Was ist mit ***großspurig?*** Müsste man doch jetzt getrennt schreiben, aber in meinem Aufsatz war das rot unterringelt.

Goethe

Lies halt mal genau, was ich geschrieben hab!
Die Regel gilt nur, wenn das **erste Adjektiv** auf *-ig, -isch, -lich* endet.
Bei deinem Beispiel schreibst du zusammen, weil der **zweite Teil** gar **nicht alleine stehen** kann. Oder hast du schon mal was von *spurig* gehört? Oder von *malig* aus *letzt**malig?*** Oder von *deutig* aus *viel**deutig?***
Also: Wenn ***einer der beiden Bestandteile*** eines zusammengesetzten Adjektivs ***nicht alleine*** stehen kann, schreibst du **zusammen.**

DJ_Smile

Yo, man ... Lesen wird belohnt. 😉
Danke!

5 **Setze die passenden Begriffe aus dem Wortspeicher in die Lücken.**

schwerfallen – ~~fest binden~~ – schiefgehen – festbinden – freisprechen – kalt stellen – frei sprechen – schwer fallen – schief gehen – kaltstellen

Einen Druckverband muss man *fest binden* .

Du musst den Drachen gut an der Schnur ______, damit der Wind ihn nicht fortreißt.

Bei einem Referat sollte man ______.

Das Gericht wird den Angeklagten ______.

Den Pudding solltest du ______.

Er will seinen politischen Gegner ______.

Achtung, auf dieser rutschigen Treppe kann man ______.

Mir wird es ______, mich bei dir zu entschuldigen.

Hoffentlich wird mein Plan nicht ______!

Der Pfad hat so viele Schlaglöcher, dass man ganz ______ muss.

6 **Setze die Reihe um mindestens drei Begriffe fort.**

schön singen, laut singen, ______

______

______

7 **Bringe die Buchstaben in die richtige Reihenfolge und füge die Verbindung in die Lücke ein: getrennt oder zusammen? Tipp: Erster und letzter Buchstabe bleiben stehen.**

Unsere Welt ist schnellebig (snhclel liebg).

Niemand kann Wunder ______ (vlol bnirgen).

Auf der Autobahn darf man ______ (shcenll fhaern).

Ihr sollt den Zettel nach hinten ______ (wtieer gbeen).

Der Leichtathlet kann ______ (wiet srpnigen).

8 **Streiche jeweils die falsche Schreibweise durch.**

Ich bin immer **schrecklichnervös / schrecklich nervös,** wenn ich ein Referat halten muss. Meine Angst, mich vor der Klasse zu blamieren, ist **riesiggroß / riesig groß.** Mein Freund hat mir neulich **großspurig / groß spurig** erzählt, dass ihm das Sprechen vor der Klasse **tierischviel / tierisch viel** Spaß bereite. Er schreibe sich den Text auf einen **mikroskopischkleinen / mikroskopisch kleinen** Zettel, stelle sich dann mit **unheimlichgroßer / unheimlich großer** Offenheit vorne hin. Er sei dafür schon **vielfach / viel fach** gelobt worden. Er meint, er werde später einmal zu den richtig **gutbezahlten / gut bezahlten** Rednern zählen.

9 **Setze die Reihen um zwei Begriffe fort.**

bitterböse, bitterkalt,

ultralang, ultrakonservativ,

vierspurig, vierarmig,

10 **Finde 10 Verbindungen mit Adjektiven im Buchstabengitter und schreibe sie in dein Übungsheft. Überlege jeweils, ob du zusammen- oder getrennt schreiben musst.**

a	h	f	r	u	h	n	e	l	ä	n	t	r	r	e
s	b	e	f	ü	n	f	f	a	c	h	a	e	n	f
s	c	h	n	e	l	l	s	p	r	e	c	h	e	n
w	a	c	h	r	ü	t	t	e	l	n	t	t	r	e
r	c	d	a	c	h	d	e	i	r	o	m	n	l	u
u	d	b	l	i	n	k	s	h	ä	n	d	i	g	ü
n	g	b	l	a	u	e	i	n	f	ä	r	b	e	n
l	e	i	s	e	r	e	d	e	n	p	a	t	g	r
e	ä	a	r	n	e	t	u	w	z	t	z	o	j	e
h	l	b	r	e	i	t	b	e	i	n	i	g	e	r
r	e	l	i	e	b	k	o	s	c	n	ü	n	t	l
h	o	c	h	w	e	r	t	i	g	o	n	e	r	a
e	i	n	d	e	u	t	i	g	j	p	o	h	s	d

11 **Bilde 6 Begriffe, indem du aus jedem Wortspeicher einen Wortteil entnimmst. (Kein Wort soll übrig bleiben.) Entscheide, ob du zusammen- oder getrennt schreiben musst. Schreibe dann jeweils einen Beispielsatz in dein Übungsheft.**

ernst – krank – schwarz – schwer – neu – hell

fahren – schreiben – sehen – reich – streichen – nehmen

Nullraff

Schnelle Frage in die Runde – bin nämlich mit der Hausaufgabe spät dran und total verwirrt: *En**t**lich* oder *en**d**lich?*

Goethe

*En**d**lich*, weil es ja was mit dem ***Ende*** zu tun hat. Wenn ich nicht mehr sicher bin, wie man ein Wort schreibt, mach ich übrigens Folgendes: Ich schreibe beide Varianten nebeneinander und nehme dann das, was für mich richtig aussieht.

Nullraff

Danke für Antwort und Tipp. Ich mach das auch so wie du, aber bei der Aufgabe muss ich bei so vielen Wörtern endscheiden, ob man ***end-*** oder ***ent-*** schreibt, dass ich schon total durcheinander bin. Da geht's um ***gleich oder ähnlich klingende Laute und Wörter.***

DJ_Smile

Äh, heißt es nicht: *en**t**scheiden?* Oder hat das was damit zu tun, dass man sich *am Ende endscheiden* muss?

kittycat

*En**t**scheiden* ist korrekt. **Eselsbrücke:**

- Wörter, die ***vom Wort Ende abgeleitet*** sind und vom ***Sinn*** her etwas mit ***Schluss*** oder ***Ende*** zu tun haben, schreibst du mit der Vorsilbe ***end-*** wie zum Beispiel: ***End**spiel*, ***End**ergebnis*, ***end**gültig*.
- Wenn die Vorsilbe aber die ***Bedeutung ab / weg / heraus*** hat, schreibst du ***ent-*** wie zum Beispiel: ***ent**kommen*, ***Ent**führung*, ***ent**nehmen*.

Nullraff

Hm ... und wenn ich nicht entscheiden kann, ob es was mit *Ende* oder mit *ab, weg, heraus* zu tun hat? Also z. B. *entdecken / enddecken?* ☹

kittycat

In Zweifelsfällen würde ich immer ***ent-*** nehmen. Nur wenn du ganz klar sagen kannst, dass das ***Ende*** irgendwie mit drinsteckt, schreibst du ***end-***.

Nullraff

O.k., mach ich. Aufgabe abgehakt. Jetzt gleich die nächste: *sta**tt**dessen oder sta**dt**dessen?* Gibt's da auch so eine Eselsbrücke?

DJ_Smile

Ha, das ist einfach: ***Stadt- / -stadt*** hat doch immer die ***Bedeutung von Stadt*** im Sinne von ***Ort.*** Also z.B. ***Stadt**tor, Groß**stadt.***
Und weil ***statt**dessen* nix damit zu tun hat, muss man *stattdessen* mit ***tt*** schreiben.

kittycat

Ist schon mal eine gute Eselsbrücke. Und dann kannst du dir noch merken, dass ***statt- / -statt*** immer die ***Bedeutung von Stelle / Platz*** oder ***anstelle von / stellvertretend für*** hat.

Nullraff

Hey, das ist wirklich easy. Nur noch eines, dann seid ihr erlöst: Wann schreibe ich ***tod-*** und wann ***tot-?***

DJ_Smile

Das mach ich, ehrlich gesagt, immer nach dem Zufallsprinzip. Würde mich auch interessieren, ob es da eine Regel gibt.

kittycat

Also, ich hab mir mal so die verschiedenen Wörter angeguckt und bin auf folgende Regel gekommen:

– Immer wenn es ***Verben oder Partizipien*** sind, verwendest du ***tot-.*** Hier mal ein paar Beispiele: ***tot**ärgern, **tot**geglaubt, **tot**reden.*
– Bei ***Substantiven und Adjektiven*** schreibst du meistens ***tod-.*** Beispiele hierzu sind: ***Tod**feind, **tod**müde.*

Leider gibt es da **Ausnahmen,** z.B. *Totschlag.*
Aber in der Regel stimmt's.

Nullraff

Super, die Regel passt. Ausnahmen bin ich eh schon gewohnt. 😉 Danke!

12

Finde die Lösungswörter mit der Vorsilbe *end-* oder *ent-*. Die Buchstaben in den markierten Kästchen ergeben von oben nach unten gelesen zusammen mit der vorgegebenen Vorsilbe ein Lösungswort.

1 | Letzter Halt der Bahn
2 | Läufer mobilisieren am Schluss des Rennens noch einmal alle Kräfte für den …
3 | Anderes Wort für: vergessen / nicht mehr wissen
4 | Am Schluss einer Rechenaufgabe steht das …
5 | Anderes Wort für: wegnehmen / löschen
6 | Kolumbus hat Amerika …
7 | Anderes Wort für: Distanz

1				[ ]	t					
2				s	[ ]					
3				f	[ ]					
4				e					[ ]		
5						r	[ ]			
6					[ ]	c				
7					e		[ ]			

Lösungswort: e n t _ _ _ _ _ _ _

13

Ergänze nach Lösung der Übung 12 den folgenden Merksatz.

Die Vorsilbe ________ kommt von dem Wort ________

und hat die Bedeutung von Schluss/ ________ .

14

Finde mindestens 6 Verben mit der Vorsilbe *ent-*.

____

____

15 ***Stadt* oder *statt*? Ergänze die Lücken.**

Familie Chaos zieht von der Klein stadt in die Groß ______. An ______ sich einen ______ plan zu kaufen, verlassen sie sich auf ihren Orientierungssinn. Prompt verfahren sie sich, fahren durch das mittelalterliche ______ tor und landen mitten in der Alt ______. Sie wissen nicht, dass dort gerade ein Straßenfest ______ findet. Autofahren ist deshalb heute nicht ge ______ et. Eigentlich wollten sie gleich in ihre neue Wohnung am ______ rand. ______ dessen parken sie ihr Auto und feiern beim ______ gründungsfest mit.

16 **Streiche jeweils die falsche Schreibweise und begründe deine Entscheidung, indem du einen Satz formulierst.**

Stadtrat / ~~Stattrat~~: Der Stadtrat vertritt die Interessen der Stadt.

stadtbekannt / stattbekannt: ______

Werkstadt / Werkstatt: ______

Gaststädte / Gaststätte: ______

17 *Tod-* oder *tot-?* Ersetze die unterstrichenen Wörter oder Satzteile durch einen passenden Begriff.

Für manche ist die Schule eine <u>sehr ernste</u> Angelegenheit.

→ todernste

Ich muss meine <u>unglaublich traurige</u> Freundin trösten.

→

Mein Freund hat mir einen <u>sehr sicheren</u> Tipp gegeben.

→

In manchen amerikanischen Bundesstaaten ist die höchste Strafe <u>die Hinrichtung</u>. →

Nach der Schule bin ich meistens <u>schrecklich müde</u>.

→

Über manche Witze kann man <u>so sehr lachen, dass man gar nicht mehr aufhören kann</u>. →

Meine Freundin ist neulich so erschrocken, dass sie <u>ganz weiß im Gesicht</u> war. →

Wir haben die Zeit <u>irgendwie rumgekriegt</u>.

→

18 Übertrage die folgende Tabelle in dein Übungsheft und ordne die Begriffe aus Übung 17 in der Grundform ein. Finde jeweils zwei weitere Begriffe.

SUBSTANTIV	ADJEKTIV	VERB	PARTIZIP
	todernst		

DJ_Smile

Hallo zusammen, ich brauch mal wieder eure Hilfe: Wir machen doch in Grammatik gerade **Satzreihen und Satzgefüge** (→ S. 30 f.), und jetzt sollen wir selbst die ***Kommasetzung*** üben. Wie geht das?

Goethe

Ist eigentlich ganz einfach. Grundsätzlich kannst du dir merken, dass ein ***Komma*** dir dabei hilft, den **Aufbau eines Satzes** zu verstehen.
Nehmen wir mal erst die ***Satzreihe:*** Da hast du ja zwei oder mehr Hauptsätze nebeneinander. Damit du die einzelnen erkennen kannst, trennst du sie durch ein Komma voneinander.

kittycat

Also z. B.:
Die Tür geht auf, der Lehrer kommt rein.
Stimmt's?

Goethe

Ganz genau. Du könntest noch eine ***nebenordnende Konjunktion*** einfügen, dann sähe der Satz so aus:
Die Tür geht auf, ***und*** *der Lehrer kommt rein.*
Du brauchst zwar kein Komma vor dem ***und,*** aber du **kannst** ein ***Komma*** setzen, um den Satz klar zu strukturieren. Deshalb **solltest** du es also setzen.

DJ_Smile

Gut, gecheckt. Ich muss nicht, aber ich sollte.
Gibt es nebenordnende Konjunktionen, bei denen ich ein Komma setzen **muss?**

Goethe

Ja, die gibt's. Vor ***aber, doch, jedoch, sondern, denn*** **musst** du ein ***Komma*** setzen.
Die Tür geht auf, ***aber / doch / jedoch*** *der Lehrer kommt nicht.*
Nicht die Tür geht auf, ***sondern*** *das Fenster geht auf.*
Der Lehrer öffnet die Tür, ***denn*** *er möchte eintreten.*

kittycat

Na, dann setze ich doch lieber einfach vor jeder nebenordnenden Konjunktion ein Komma. Ist leichter, als sich Ausnahmen zu merken. 🤓

Goethe

So würde ich es auch machen.
Dann kann es dir auch nicht passieren, dass du bei Satzgefügen Fehler machst. Da ist es nämlich so, dass du vor jeder unterordnenden Konjunktion ein Komma setzen musst.

kittycat

Also bei dem Beispiel mit dem Lehrer:
Nachdem *der Lehrer das Klassenzimmer betreten hat, stellt er fest,* ***dass*** *gelüftet werden muss.*
Er öffnet das Fenster, ***weil*** *es stinkt.*
Obwohl *er gelüftet hat, riecht es unangenehm.*
Richtig so?

DJ_Smile

Iiiih! 😉

Goethe

Korrekt. Du siehst: Wenn du fit bist in Satzreihen und Satzgefügen, ist die Kommasetzung eigentlich geschenkt.

DJ_Smile

Wenn, ja wenn ... Aber ich tu mein Bestes ...
Fällt dann so was auch darunter:
Ich habe gestern meine Hausaufgaben gemacht, meinen Freund besucht, den Hund ausgeführt und einen Film gesehen?

Goethe

Nee, das ist ja kein Satzgefüge, sondern hier haben wir eine Aufzählung von gleichrangigen Satzgliedern. Aber du hast es völlig richtig gemacht: Zwischen den einzelnen Teilen muss ein Komma stehen. Da gilt das Gleiche wie bei ***Aufzählungen von gleichrangigen Wörtern,*** z. B. Adjektiven oder Substantiven: immer dazwischen ein Komma.

DJ_Smile

Perfekt! Dann danke ich vielmals, mache mich an die Übungen, freue mich, dass ich alles verstanden habe, und sehe mir zur Belohnung noch einen Film an. 😊

19 **Setze die Kommas an der richtigen Stelle. Ergänze im Anschluss den dazu passenden Merksatz.**

Sieh dir doch mal die Homepage des Kinder- und Jugendliteraturpreises an dort findest du viele Buchtipps. Es gibt dort mehrere Kategorien eine davon ist die Jugendjury. Sie besteht aus Jugendlichen aus ganz Deutschland und ihre Empfehlungen werden von jugendlichen Lesern immer gerne angenommen. Meistens wählt die Jugendjury andere Bücher aus als die Erwachsenenjury denn sie versteht die Bedürfnisse der jugendlichen Leser oft besser.

Merksatz: Zwischen zwei ____________ setze ich ____________.

20 **Begründe jeweils kurz in deinem Übungsheft, weshalb ein Komma gesetzt wurde.**

a | Das Buch „Katertag“ von Regina Düring wurde von der Jugendjury nominiert, weil es auf besondere Weise den Blick auf den Alkoholismus wirft.
b | Es erzählt nur aus der Sicht Nicos, sein alkoholkranker Vater kommt nicht zu Wort.
c | Als Nico sich nicht mehr zu helfen weiß, schreibt er einen Brief an seinen Vater.
d | Er äußert darin all seine Enttäuschungen, seine Gefühle, seine Verletztheit, seine Wut und sein Unverständnis.
e | Mir hat das Buch gefallen, da es nicht belehren will, sondern ganz eindrücklich zeigt, dass die Krankheit des Vaters schlimme Folgen für das Kind hat.
f | Wir lesen das Buch als Klassenlektüre und sollen dann Interviews mit betroffenen Personen führen, Recherchen zu den Folgen von Alkoholismus in der Familie anstellen und Referate halten.

21 Setze die passenden Wörter und Wortgruppen aus dem Wortspeicher in die Lücken. Achte auf die Kommasetzung.

zu baden – ~~Cola~~ – besuche ich meine Tante – zu wandern – Vanille – zum Klavierspielen – Eistee – in der Sonne zu liegen – Apfelschorle – zu biken – zum Arzt – zum Einkaufen – Kakao – Himbeer – Mango – zu tauchen – Schokolade – zu surfen

a | Ich trinke am liebsten Cola, ______ ______ und ______.

b | Meine Lieblingseissorten sind: ______ ______ ______ und ______.

c | Heute Nachmittag muss ich erst ______ dann ______ danach ______ ______ und schließlich gehe ich ______.

d | In den Ferien würde ich so gerne ans Meer fahren, um dort ______ ______ ______ und ______.

e | Aber meine Eltern wollen in die Berge, um dort ______ und ______.

22 Schreibe eine eigene Aufzählung in dein Übungsheft. Achte auf die Kommasetzung!

Ich esse gerne ...

23 **Schreibe zu dem Bild eine kurze Geschichte in dein Übungsheft. Orientiere dich dabei an den Fragen aus dem Wortspeicher. Verwende unterschiedliche Konjunktionen und achte besonders auf die Kommasetzung.**

Was machen Tim und Alma?
Welche Eissorten essen sie gerade?
Was geschieht, während Tim und Alma Eis essen?
Weshalb fällt ihnen zunächst nicht auf, was geschieht?
Warum hat der Dieb leichtes Spiel?
Was macht der Dieb, nachdem er die Tasche gestohlen hat?

24 **Hier sind die Kommas durcheinandergeraten. Schreibe den Text richtig in dein Übungsheft.**

In vielen Bundesländern, gibt es Jugendparlamente damit, die Interessen von Jugendlichen mehr Gehör finden. Die Beteiligten können dort, ihre Meinungen ihre Wünsche, und ihre Kritik vortragen, und werden von den verantwortlichen Politikern gehört. So erfahren Kinder und Jugendliche, spielerisch die Regeln der Politik knüpfen Kontakte zu Politikern lernen etwas zur Gesetzgebung, und halten politische Reden. Wenn man 16 Jahre alt ist kann, man sich auch für das europäische Jugendparlament bewerben. Weil die Nachfrage groß ist muss man erst, einen Onlinefragebogen ausfüllen. In einem Auswahlverfahren, wird dann entschieden ob man daran teilnehmen darf.

4 BERICHTEN UND BESCHREIBEN

BEISPIEL

Mindmap zum Sammeln von Informationen
W-Fragen und Schreibplan zur Auswahl und Anordnung von Informationen

Berichte: *„Vorlesewettbewerb der 6. Klassen"*, *„Hund bremst Radfahrer aus"*

Vorgangsbeschreibungen: *„Flicken eines platten Reifens"*, *„Schokoladenkuchen"*

VERWENDUNG

Einen Bericht verfasst du:
- knapp, sachlich und neutral
- informativ und vollständig

Einen Vorgang beschreibst du:
- sachlich, genau und anschaulich
- mit allen wesentlichen Schritten

WIEDERHOLEN

Das sollten wir schon kennen:
- verschiedene Arten von Beschreibungen
- Tempusformen Präsens, Präteritum, Plusquamperfekt, Futur → 6 ff.
- sachlich oder unterhaltsam schreiben

DJ_Smile

Hallo, hat jemand Zeit, mir zu helfen? Ich soll für die Schülerzeitung einen **Bericht** schreiben über den Vorlesewettbewerb von letzter Woche. Hab leider null Ahnung: Wie fang ich da am besten an?

Nullraff

Ist doch easy. Du warst wahrscheinlich selbst auf dem Wettbewerb, oder? Schreib doch einfach, was so los war, wer den ersten Preis gewonnen hat und was deine Meinung zu der ganzen Aktion ist.

DJ_Smile

Na, das wäre ja dann eher eine Erlebniserzählung. Das ist doch etwas ganz anderes. Soweit ich weiß, geht's im Bericht doch nicht darum, wie **ich** den Vorlesewettbewerb erlebt habe. Oder? ☹

kittycat

Nee, deine persönliche Meinung und deine Eindrücke haben in einem **Bericht** nichts zu suchen. Stattdessen musst du ***sachliche Informationen*** zusammentragen. Jeder sollte sich beim Lesen des Berichts ein genaues Bild von dem Geschehen machen können, auch wenn er nicht dabei war.

DJ_Smile

Alles klar. Nur hab ich keinen Plan, **wie** ich das machen soll. @kittycat: Hast du einen Tipp für mich?

kittycat

Ja klar: Ich würde mir 'ne ***Mindmap*** machen. Dabei orientierst du dich an den ***sieben W-Fragen:*** ***was?, wer?, wann?, wo?, wie?, warum?*** und ***welche Folgen?*** Dann sind alle Informationen drin.
Überleg dir am besten auch gleich, wann der Leser welche Informationen braucht, damit er einen guten Überblick erhält. Eine ***sinnvolle Anordnung*** der Informationen ist nämlich echt wichtig. Daran richtest du auch gleich deinen ***Schreibplan*** aus.

DJ_Smile

Mach mir keinen Stress! Mindmap ist klar, W-Fragen auch, aber was soll denn der Schreibplan?
Ich dachte, jetzt kann ich endlich loslegen?

Goethe

Mach mal langsam. Es geht echt viel einfacher, wenn du den Bericht vorher gut geplant hast! Und so viel Arbeit ist es auch wieder nicht.
Also, du ordnest die Antworten auf die W-Fragen den drei Teilen des Berichts zu:

EINLEITUNG	HAUPTTEIL	SCHLUSS
wann? – wo? – was? – wer?	wie? – warum?	welche Folgen?

kittycat

Hey, coole Tabelle! Konkret heißt das also:
- In der ***Einleitung*** informierst du darüber, um ***was*** es geht, also den Vorlesewettbewerb, ***wer*** daran teilgenommen hat und ***wann*** und ***wo*** der stattgefunden hat.
- Im ***Hauptteil*** stellst du dar, ***wie*** der genaue Ablauf des Wettbewerbs aussah und ***warum*** er so ablief.
- An den ***Schluss*** stellst du weitere Hintergrundinformationen, also was der Sinn und Zweck der Veranstaltung war, und welche Preise die Sieger erhalten haben.

DJ_Smile

Sorry, das ist ja eigentlich echt logisch. Hätte mich nicht so stressen müssen. 😵
Ist das denn wirklich immer so? Wäre ja voll einfach und gut zu merken.

Goethe

Im Grunde schon. Unterschiede gibt es nur bei der ***Anordnung der Informationen:***

In einem ***Zeitungsbericht,*** so wie bei dir jetzt, steht meistens das **Wichtigste am Anfang.** Mit diesem ersten **Überblick** zum Geschehen soll das **Interesse der Leser** geweckt werden.

Anders beim ***Polizei- oder Versicherungsbericht:*** Da kommt es auf die genaue **zeitliche Reihenfolge** des Geschehens an, d. h., es muss **chronologisch** berichtet werden. Außerdem muss man ausführlich schreiben, **wie und warum** etwas geschehen ist. Es interessieren also alle **Einzelheiten,** wodurch zum Beispiel ein Schaden entstanden ist usw.

Nullraff
Was soll denn das nun wieder heißen? Ich checke gar nichts mehr! Leute, schickt mal eine kurze Erklärung für mich durch.

Goethe
Berichte haben einen **Aufbau,** der weitgehend immer gleich ist. Nur werden – je nachdem, für welchen **Adressaten** der Bericht geschrieben ist – die Informationen unterschiedlich angeordnet.

kittycat
Genau, es kommt darauf an, wer's nachher liest. In der Schülerzeitung ist es natürlich am spannendsten zu lesen, wer gewonnen hat. Weniger interessant ist, wie lange es gedauert hat, bis die Entscheidung gefallen ist. Eigentlich voll logisch.

Goethe
Wenn ich mich jetzt noch mal kurz einmischen darf: Die Reihenfolge hängt natürlich immer auch vom **Inhalt und Thema** des Berichts ab.

DJ_Smile
Stimmt. Darauf hätte ich eigentlich auch selbst kommen können.
Aber was ich jetzt noch wissen möchte: Braucht der Bericht eigentlich eine **Überschrift?**

Goethe
Eigentlich haben meist nur Zeitungsberichte eine, die **sachlich treffend** sein muss und schon **wichtige Informationen** für den Leser enthält. Beim Versicherungs- und Polizeibericht ist dies weniger üblich, außer wenn die in der Zeitung stehen.

DJ_Smile
Dann weiß ich ja jetzt, was zu tun ist.
Danke an alle für die Unterstützung.

kittycat
Na klar doch. Jetzt leg aber mal endlich los.
Wäre cool, wenn du dich wieder meldest, wenn du die Infos für deinen Bericht gesammelt hast. Ich bin schon echt gespannt drauf.

1 Überlege, welche der folgenden Überschriften für einen Bericht ungeeignet sind. Streiche diese durch.

Selten so gelacht

Einbruch im Schulkiosk

Glück im Unglück

Unfall mit Totalschaden

Die Polizei kommt zum Elfmeterschießen

So ein Mist

Fahrraddieb auf der Autobahn

Überschätzte Geschwindigkeit führt zu Sachschaden

Unfallflucht in Gartenstadt

Ein Unglück kommt selten allein

Großer Erfolg beim Basketballwettkampf

2 Was gehört zusammen? Ordne den Überschriften in der linken Spalte die passenden Berichtformen rechts zu.

Unsere Klassenfahrt nach London	Ereignisbericht
Zusammenstoß auf dem Pausenhof	Unfallbericht
Ergebnis des Tanzwettbewerbs	Schadensbericht für die Versicherung
Beschädigung der Sportgeräte in der Turnhalle	Erlebnisbericht
Das Weihnachtskonzert 2012	Veranstaltungsbericht

3 Sammle mithilfe einer Mindmap Informationen zu dem Bericht „Unsere Klassenfahrt nach London“.

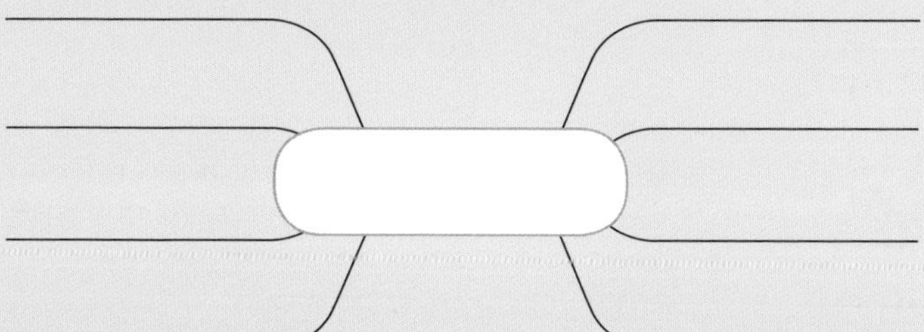

4 **In der Zeitung soll ein Unfallbericht mit der Überschrift „Hund bremst Radfahrer in voller Fahrt – schwerer Sturz mit Armbruch" erscheinen. Sammle die wichtigen Informationen: Betrachte dazu das Bild und lies die Aussagen darunter. Trage deine Ergebnisse in eine Mindmap ein. Verwende dein Übungsheft.**

Max: „Na, die beiden fahren aber schnell!"

Inga: „Wie schön, dass der Hund meiner Nachbarin mal wieder im Garten spielen kann."

Uta: „Hoffentlich rennt der Hund vom Peter nicht einfach so über die Straße, weil er mit meinem Blacky spielen will."

Daniela: „Die zwei Radfahrer sind ja wirklich schnell unterwegs. Sieht aus, als würden die um die Wette fahren."

Julian: „Hoffentlich rennt der Hund nicht los! Ich kann unmöglich bremsen."

Moritz: „Super, so schnell bin ich hier noch nie gefahren. Heute gewinne ich das Wettrennen."

Peter: „Voll cool, dass ich mir heute Nachmittag den Hund zum Spazierengehen ausleihen konnte. Warum bleibt der denn stehen?"

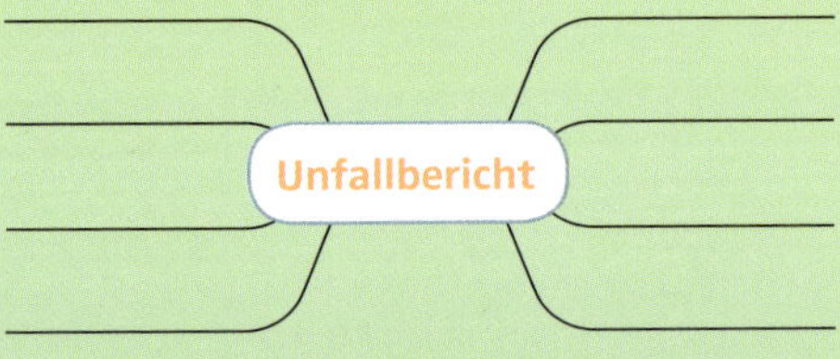

5 **Erstelle anhand der Informationen aus Übung 4 den Schreibplan für einen Unfallbericht. Trage die passenden Angaben zu den W-Fragen ein, die den drei Teilen des Berichts zugeordnet sind.**

Einleitung:

Was? ______

Wer? ______

Wann? ______

Wo? ______

Hauptteil:

Warum? ______

Wie? ______

Schluss:

Welche Folgen? ______

6 **Lies den ersten Teil des Unfallberichts aus Übung 4 und 5 und ergänze die Lücken sinnvoll.**

Ein ______ ______ ereignete sich am Samstagnachmittag in der Vorgartensiedlung. Die beiden 12-jährigen ______ ______ und ______ lieferten sich ein sportliches ______ auf ihren Fahrrädern. Auf Höhe des Grundstücks von ______ kam es zu dem ______, weil unvermittelt ein ______ auf die enge Straße lief ...

7 **Notiere, ob und in welcher Reihenfolge die W-Fragen im folgenden Zeitungsbericht beantwortet werden. Schreibe in dein Übungsheft.**

Geldbörse entwendet

KÖLN. Opfer eines Diebstahls wurde eine 18-Jährige aus Köln, als sie sich am vergangenen Donnerstag in der Zeit von 17.00 bis 17.15 Uhr beim Einkauf in einem Lebensmittelmarkt an der Buchenstraße befand. In diesem Zeitraum gelang es einem Dieb, den Geldbeutel der Frau zu stehlen. Nachdem die 18-Jährige das Fehlen bemerkt und daraufhin den Verkaufsraum des Supermarkts erfolglos abgesucht hatte, erstattete sie Anzeige bei der Polizei. Wenig später wurde der Geldbeutel im besagten Lebensmittelmarkt von einem Kunden aufgefunden. Während sich persönliche Dokumente und die EC-Karte noch im Portemonnaie befanden, fehlte das gesamte Bargeld. A. S.

8 **Lies den folgenden Zeitungsbericht und gliedere diesen in Einleitung, Hauptteil und Schluss, indem du die Absätze mit Strichen markierst. Überlege, inwiefern die Überschrift für einen Zeitungsbericht passend ist.**

Die Polizei kommt zum Elfmeterschießen

Neu-Ulm. Das dramatische Elfmeterschießen zwischen dem FC Bayern München und Real Madrid im Halbfinale der Fußball-Champions-League löste am Mittwochabend in der Nähe von Neu-Ulm indirekt einen Polizeieinsatz aus. Denn eine Spaziergängerin nahm beim abendlichen Rundgang mit ihrem Hund aus einem Haus in der Nachbarschaft immer wieder sehr laute „Nein!"-Schreie wahr. Weil sie deswegen Schlimmeres befürchtete, rief sie kurz entschlossen mit ihrem Handy von unterwegs aus die nächste Polizeidienststelle an, die sofort reagierte. Umgehend wurde ein Dienstfahrzeug zu der von der Spaziergängerin angegebenen Adresse geschickt. Nach der Ankunft stellte die Streifenbesatzung dort jedoch schnell fest, dass es sich bei den Schreihälsen lediglich um Bayern-Fans handelte, die bei dem spannenden Elfmeterschießen derart laut und engagiert mitfieberten, dass sie beinahe das Klingeln der Beamten überhört hätten. Die Fußballfans waren darum auch sichtlich überrascht, als die Polizisten vor der Tür standen. Nachdem die Beamten sich von der Harmlosigkeit der Situation überzeugt hatten, verabschiedeten sie sich und setzten angesichts des Missverständnisses erheitert ihren Dienst fort. *E. A.*

DJ_Smile

Also, hab mal alle Infos zu dem Vorlesewettbewerb (→ S. 74) mit den W-Fragen in 'ner Mindmap zusammengefasst. Was haltet ihr davon?

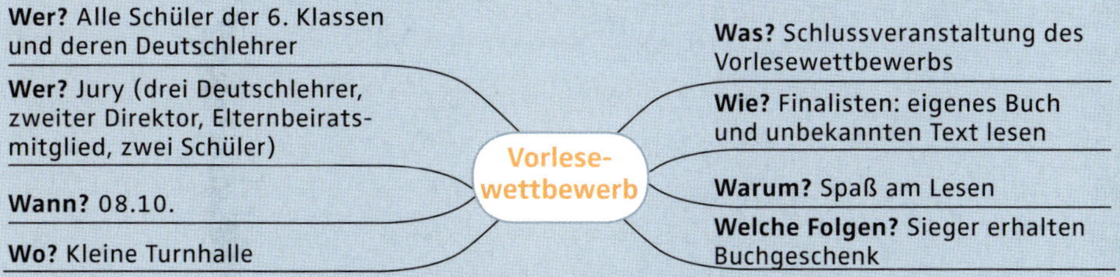

kittycat

Wenn du mich fragst, kriegst du auch eine Antwort. ☺ Ist schon ganz o. k. Es fehlen aber genauere Infos zum **zeitlichen Ablauf** der Veranstaltung. Man weiß nicht, wann das losging und wie lange das gedauert hat.

DJ_Smile

Stimmt. Hab ich echt vergessen. Werde das auf alle Fälle ergänzen.

kittycat

Alles klar. Wichtig ist jetzt noch, die gesammelten ***Informationen zu ordnen.***
Nicht, dass du den Überblick verlierst. ☺

Goethe

Da kann ich allerdings nur zustimmen. Ganz so perfekt ist deine Aufstellung nämlich noch nicht.
Du musst unbedingt, bevor du den Bericht schreibst, die Informationen genau auswählen und ***Wichtiges von Unwichtigem unterscheiden.***
Sorry, aber da musst du echt noch mal ran ...

DJ_Smile

Ist schon o. k. Wäre ja blöd, wenn mein Bericht in der Schülerzeitung nicht gut ankommt und niemanden interessiert.
Jetzt weiß ich nur nicht, **wie** ich das entscheiden kann. Gibt es irgendwelche **Kriterien dafür, was wichtige und was unwichtige Informationen sind?**

kittycat

Ja, das richtet sich ganz klar nach den ***Erwartungen und Interessen der Leser.*** Du musst also immer vor Augen haben, für wen du schreibst.

Goethe

Und nicht zu vergessen: Es kommt auch auf die ***Berichtform*** an, denn ***Inhalt und Thema*** spielen eine wichtige Rolle bei der Auswahl der Informationen. Es gibt z.B.
- **Ereignisberichte,**
- **Erlebnisberichte,**
- **Veranstaltungsberichte,**
- **Unfallberichte,**
- **Schadensberichte,**

um nur mal ein paar der wichtigsten zu nennen.

DJ_Smile

Und was bringt mir das jetzt?
Wenn ich mir das nämlich genauer überlege, dann muss ich wohl so 'ne Mischung aus Ereignisbericht, Erlebnisbericht und Veranstaltungsbericht für die Schülerzeitung schreiben, stimmt's?

kittycat

Bingo. Volltreffer. ☺

DJ_Smile

O.k. Trotzdem ist mir immer noch nicht klar, **wie** ich die Informationen auswählen soll. Ich weiß ja eigentlich nur, dass ich keinen Unfallbericht und keinen Schadensbericht verfasse. Ansonsten ist von allem was dabei. Was jetzt? ☹

kittycat

Immer cool bleiben. Das schaffst du schon. 😉
Der Unterschied besteht vor allem darin, dass die **Gewichtungen unterschiedlich** sind:
Beim ***Ereignisbericht*** geht's weniger um die Einzelheiten, sondern der **Gesamteindruck** zählt. Es ist nicht so wichtig zu wissen, wie der Vorlesewettbewerb zeitlich abgelaufen ist, was genau in welcher Reihenfolge passiert ist und warum. Viel interessanter ist das **Ergebnis:** Wer hat mitgemacht, wer hat gewonnen und warum?

DJ_Smile

Ach so, alles klar. ☺ Es ist am Anfang schon verwirrend, welche **unterschiedlichen Formen von Berichten** es so gibt. Aber ist eigentlich logisch, dass sich danach die Einschätzung ausrichtet, welche Informationen wichtig oder unwichtig für das Verständnis sind. Der Leser eines Zeitungsberichts erwartet eben was anderes als der Leser eines Unfallberichts.
Ich schätze mal, dass bei einem ***Unfallbericht*** dann vor allem der Unfallvorgang und weniger das Drumherum interessiert.

Goethe

Ja, korrekt. So kann man das sagen.
Jetzt aber noch was anderes: Ich will es nicht noch komplizierter machen, aber wo wir gerade schon dabei sind, können wir das auch noch vertiefen.
Es gibt nämlich zwei weitere Formen von Berichten: die ***Nachricht*** und die ***Meldung.*** In der Regel sind es sehr kurze Texte. Deshalb müssen die Informationen noch gezielter ausgewählt werden und man muss sich tatsächlich nur auf die **allerwichtigsten Angaben** beschränken.

kittycat

Das ist ja dann 'ne echte Herausforderung, würde ich mal sagen. Da muss man mehrmals überlegen, was tatsächlich rein soll.

Goethe

Exakt. Auch wenn es nur wenige Zeilen sind, steckt viel Arbeit drin. @DJ_Smile: Stell dir das so vor, als ob du deinen Bericht zum Vorlesewettbewerb dann in zwei oder drei Sätzen zusammenfassen müsstest.

kittycat

Da bist du doch bestimmt erleichtert, dass du nur einen Ereignisbericht schreiben sollst. Oder? ☺

?

DJ_Smile

Das kannste laut sagen. Also, schon mal ein Danke an alle. Ich bin jetzt off und setz mich wieder an den Bericht zum Vorlesewettbewerb. Der muss ja allmählich mal fertig werden. CU!

9 **In der Schülerzeitung soll ein Erlebnisbericht mit der Überschrift „Aufregung beim Ausflug in den Zoo" erscheinen. Lies die Aussagen und unterstreiche, welche Informationen wichtig sind.**

Auf den Ausflug zum Tierpark haben wir uns schon gefreut. Endlich war es mal spannend im Biounterricht. Wir hatten verschiedene Beobachtungsaufgaben für unterschiedliche Tiere erhalten und sollten die Ergebnisse dann im Unterricht darstellen.

Katharina

Super, dass wir die Tiere nicht nur im Biologiebuch anschauen mussten, sondern in den Zoo gefahren sind. Schade nur, dass das Ende so blöd gelaufen ist. Weil es eigentlich ja ganz gut geklappt hat und auch die meisten sich an den verabredeten Treffpunkt gehalten haben.

Paula

Plötzlich fiel mir auf, dass Nadine, Annika und Katrin fehlten. Aber eigentlich waren die sonst immer pünktlich gewesen. Das war schon merkwürdig.

Nina

Ich wusste nicht, dass der Tierpark in München zwei Eingänge hat. Deswegen kam ich nicht auf die Idee, dass ich am falschen Treffpunkt wartete. Ich war ganz schön erleichtert, dass ich nicht allein war.

Nadine

Das tut mir echt leid, dass es dieses Missverständnis gegeben hat. Ich habe den Ausgang einfach verwechselt und gedacht, dass die anderen sich verspäten.

Katrin

Der Ausflug mit der Klasse 6a wäre noch schöner gewesen, wenn es nicht so ein aufregendes Ende gegeben hätte. Als wir die Heimfahrt antreten wollten, fehlten drei Schülerinnen. Und also mussten wir suchen.

Frau Wagner

Hab ich mich geärgert. Da hab ich mir so viel Gedanken zum Wandertag in den Zoo gemacht und spannende Arbeitsmaterialien vorbereitet und das war dann die Belohnung. Viele der wartenden Schüler und Eltern waren auch sauer, weil sich die Heimkehr der Klasse um zwei Stunden verzögert hat. Aber ich kann ja nur mit allen Schülern losfahren. Das ist selbstverständlich.

Herr Wald

War klar, dass mal wieder ich losgeschickt wurde, um die drei Mädels zu suchen. Ich bin durch den ganzen Tierpark gerannt. Als ich die Durchsage gehört habe, bin ich gleich zum zweiten Eingang am anderen Ende gelaufen. Es hat dann aber noch gedauert, bis wir wieder bei den anderen waren. Und so haben wir natürlich den Zug verpasst.

Malte

Meine Tochter kam so spät wieder, dass ich den Zahnarzttermin absagen musste.

Herr Brandl

Bei schönem Wetter ist sowieso schon immer ein Gedränge vor den Kassen am Nachmittag. Da kamen auch noch die drei Schülerinnen und baten mich, eine Durchsage zu machen, weil sie ihre Gruppe verloren haben. Das sollte eigentlich nicht passieren, finde ich.

Kassiererin

10 **Lege dir in deinem Übungsheft eine Tabelle mit den sieben W-Fragen an. Trage darin die wichtigen Informationen zum Erlebnisbericht aus Übung 9 als Antworten ein.**

WER?	Schüler und Schülerinnen der Klasse 6a
WAS?	
WANN?	
WO?	
WIE?	
WARUM?	
WELCHE FOLGEN?	

11 **Wandle den folgenden Zeitungsbericht in eine Meldung um, indem du dich auf das Wichtigste beschränkst und alles Unwichtige streichst. Orientiere dich dazu an den sieben W-Fragen.**

Fahrraddieb auf der Autobahn

MÜNCHEN. Ein Mann strampelte auf einem ~~rosafarbenen~~ Damenfahrrad in aller Herrgottsfrühe auf München zu – und zwar auf der Autobahn A 8. Da kam die Polizei nicht umhin, ihn zu kontrollieren. Die Geschichte, die er zu seinem rosafarbenen Rad auf Lager hatte, war auch nicht schlecht: Er sei in der S-Bahn eingeschlafen, erzählte er, und hätte eigentlich am Ostbahnhof aussteigen sollen. Stattdessen fand er sich um 2.15 Uhr nachts völlig verschlafen in Oberhaching etwa 15 km außerhalb vor den Toren Münchens im Zugdepot wieder. Da überlegte er sich, wie er zurück in die Innenstadt kommen könnte. Der 27-Jährige testete daraufhin einige vor dem Depot abgestellte Fahrräder, fand eines, das nicht abgesperrt war, und machte sich sogleich auf den Heimweg. Zuerst benutzte er nach eigenen Aussagen Radwege, doch dann sei er irgendwie plötzlich auf der Autobahn gewesen. Ein Alkoholtest der Polizei ergab, dass der junge Mann nicht betrunken war. Ihm droht eine Anzeige wegen Diebstahl und unerlaubten Fahrens auf der Autobahn.

A.S.

DJ_Smile

Also der Tipp mit dem Schreibplan war total genial! Alle Infos zum Vorlesewettbewerb (→ S. 81 f.) sind jetzt angeordnet. Ich hab den ersten Entwurf fast fertig.

kittycat

Mach's nicht so spannend und zeig mal her. Würde mich echt interessieren, was du in deinem *Bericht* schreibst und vor allem wie.

DJ_Smile

Ja, aber vorher brauch ich noch einen Tipp zum **Schreibstil:** Was muss ich da alles beachten?

?

kittycat

Wichtig ist, dass der Bericht in einer klaren, nüchternen und *sachlichen Sprache* verfasst ist. Alle Angaben müssen möglichst **genau** dargestellt sein.
Das heißt also: **keine Ausschmückungen oder Übertreibungen.** Du darfst natürlich nichts dazuerfinden. Aber du darfst eine sachlich begründete *Bewertung* abgeben.

Goethe

Gut zusammengefasst! Ich habe aber noch eine Ergänzung zur *Zeitform:* Der Bericht wird nämlich im **Präteritum** (1. Vergangenheit) geschrieben.
Zur Darstellung der Vorgeschichte oder der Hintergründe verwendest du **Plusquamperfekt** (Vorvergangenheit). Wenn du etwas zur gegenwärtigen Lage berichtest, verwendest du das **Präsens** (Gegenwart), und wenn es um die Folgen des Geschehens geht, steht **Futur** (Zukunft). Ist wie beim Erzählen.

kittycat

Jetzt wollen wir aber endlich deinen Bericht zum Vorlesewettbewerb lesen. Wo bleibt der denn?

?

Nullraff

Ich will den Text zum Vorlesen auch durchlesen. Ich checke nämlich nicht, warum da überhaupt vorgelesen wird. Ich mein, die meisten können doch inzwischen selber lesen, oder?

?

kittycat

Hä? Was ist los? Soll das ein Witz sein?
Am besten liest du erst mal den Bericht, dann merkst du's hoffentlich auch gleich.

DJ_Smile

Also, hier mal der erste Teil. Und wenn ich das noch sagen darf: Gebt mir bitte eine ehrliche Meinung, ob der **sachliche Stil** so gelungen ist. Wäre mir schon sehr wichtig, sonst blamiere ich mich noch.

Das Finale des Vorlesewettbewerbs für die 6. Klassen fand dieses Jahr am 8. Oktober wie gewohnt in der kleinen Turnhalle statt.
Dem Finale gingen die einzelnen Klassenwettbewerbe voraus, aus denen sich jeweils die zwei Besten qualifizierten. Aufgabe der Schüler war es, ein selbst gewähltes Buch kurz vorzustellen und daraus einen Textausschnitt verständlich und mit guter Lesetechnik vorzulesen. Zusätzlich stand ein unbekannter Text auf dem Programm, der zeigen sollte, was die Teilnehmer auch ohne Vorbereitung können.

Nullraff

Das ist ja krass. Ich hab wohl wirklich was verwechselt, Leute. Sorry für die Frage vorhin. Ich sag jetzt besser erst mal nix mehr.

kittycat

Schon o.k. Selbsterkenntnis ist ja der erste Weg zur Besserung. Und was den Bericht angeht, hier meine spontane Meinung: Klingt echt professionell!

DJ_Smile

Echt? Na, hoffentlich passt das dann auch beim zweiten Teil. Hier ist die Fortsetzung:

Die Mitglieder der siebenköpfigen Jury waren die drei Deutschlehrer der 6. Klassen, ein Mitarbeiter des Direktorates, ein Mitglied des Elternbeirates und zwei Schüler aus der 10. Jahrgangsstufe. Gewonnen hat in diesem Jahr Tobias Flott aus der Klasse 6a, der den Anfang aus den „Vorstadtkrokodilen" vorgelesen hat und damit Jury und Publikum begeisterte. Zweite Siegerin war Julia Schnell. Beide erhielten eine Urkunde und ein Jugendbuch als Anerkennung.

Goethe

Perfekt, würd ich mal sagen. Du bringst **alle wichtigen Informationen,** denn die W-Fragen werden beantwortet. Dadurch sind die Leser *umfassend informiert* und es können sich auch diejenigen, die nicht dabei waren, ein Bild vom Geschehen machen. Das ist ja der **Zweck** eines Berichtes.

kittycat

Genau. Außerdem enthält dein Bericht **keine persönlichen Kommentare oder Gefühle.** Du schreibst sachlich und genau, verwendest *Fachbegriffe* und hast eine *präzise Wortwahl.*

DJ_Smile

Moment, ihr habt den Schluss ja noch nicht gelesen:

Auch im nächsten Jahr wird wieder ein spannender Wettbewerb mit anregenden Preisen veranstaltet werden. Darauf kann man sich schon jetzt freuen.

Goethe

Deine persönliche Einschätzung am Schluss ist gut erkennbar, aber als Bewertung der Veranstaltung voll o.k.: Es war *ein **spannender** Wettbewerb mit **anregenden** Preisen* und man kann sich auf den im nächsten Jahr ***freuen.*** Mehr an Wertung geht nicht. Möglich wäre es gewesen, die *Aussagen von Beteiligten* einzubeziehen. Dann aber nicht in wörtlicher Rede, sondern in *indirekter Rede.*

DJ_Smile

Guter Tipp. Also etwa so?

Es sei beeindruckend gewesen zu erleben, mit welcher Begeisterung der Sieger seinen Text vorgestellt habe, kommentierte ein Mitglied der Jury das Ergebnis des Vorlesewettbewerbs.

?

Goethe

Yep! Kannst du so einbauen. Und dann hast du's geschafft und kannst deinen Bericht gleich an die Redaktion der Schülerzeitung weiterleiten. ☺

12 **Lies den folgenden Polizeibericht aus der Zeitung aufmerksam durch. Markiere dann in der Checkliste, ob die Anforderungen an einen Zeitungsbericht erfüllt sind. Belege deine Beobachtungen durch Unterstreichen. Notiere gegebenenfalls notwendige Verbesserungsvorschläge im Übungsheft.**

Checkliste:

☺	☹	
☐	☐	passende Überschrift
☐	☐	Beantwortung aller W-Fragen
☐	☐	nachvollziehbarer Aufbau
☐	☐	verständliche Darstellung des Sachverhaltes
☐	☐	sachliche Sprache
☐	☐	präzise Wortwahl
☐	☐	richtiger Tempusgebrauch
☐	☐	korrekte Verwendung von indirekter Rede

10.000 Euro im Hausmüll „entsorgt"

Ein älteres Ehepaar bewahrte seine über Jahre zurückgelegten Ersparnisse von etwa 10.000 Euro in einer Geldkassette zu Hause auf. Als beide im September über ein Wochenende wegfahren wollten, versteckte der Ehemann aus Angst vor Einbrechern die Geldkassette im Abfalleimer unter dem Müll in der Küche. Seiner Frau sagte er davon aber nichts.
Nachdem beide von dem Wochenendausflug zurückgekehrt waren, dachte der Ehemann nicht mehr an die Geldkassette. Seine Frau brachte wie üblich im Verlauf der nächsten Tage den Müll nach draußen und entsorgte somit ungewollt die Ersparnisse. Als das Ehepaar kurz darauf das Missgeschick bemerkte, war der Müllcontainer bereits geleert worden.
Auf Nachfrage beim zuständigen Entsorgungsbetrieb wurde ihnen mitgeteilt: „Das Geld ist inzwischen verbrannt worden. Hoffnung, das Geld wiederzubekommen, gibt es nicht." Der Zufall wollte es jedoch, dass ein 18-jähriger Mitarbeiter des Hausmeisters am Tag der Müllentsorgung zufällig die versperrte Geldkassette im Müllcontainer entdeckt und mitgenommen hatte, um den Fund seinem Chef zu zeigen. Dieser brachte die Geldkassette in die nächste Polizeiinspektion.
Nun musste ermittelt werden, wer der Eigentümer des Geldes ist. In engagierter Kleinarbeit konnte das Ehepaar ausfindig gemacht werden.
Zur großen Verwunderung der Eheleute stand plötzlich ein Polizeibeamter vor der Wohnungstür und fragte: „Vermissen Sie nicht vielleicht etwas sehr Wertvolles?"
Das Ehepaar zeigte sich überglücklich über die effektive Arbeit der Polizei und bedankte sich bei dem ehrlichen Finder.

13 **Kreuze an, welche Sätze nicht aus einem Bericht stammen. Unterstreiche deine Beobachtungen und begründe deine Überlegungen in Stichworten im Übungsheft.**

- ☐ Wie jeden Freitag fand auch in dieser Woche das Basketballtraining in der großen Halle des Sportvereins statt.
- ☐ Es war für mich wieder einmal sehr anstrengend, 90 Minuten kreuz und quer durch die Halle zu rennen.
- ☐ Nach Trainingsende erwischte ich gerade noch den Bus und ließ mich erschöpft auf die letzte Sitzreihe fallen.
- ☐ Ein dreizehnjähriges Mädchen wurde von einem Busfahrer nach Dienstschluss in einem städtischen Linienbus übersehen und unbeabsichtigt eingesperrt.
- ☐ Gegen 22 Uhr wachte die Schülerin auf und stellte fest, dass sie ihr Handy zu Hause vergessen hatte.
- ☐ „Mist, jetzt muss ich mir etwas anderes einfallen lassen", dachte das Mädchen verzweifelt.
- ☐ Es gelang der Sechstklässlerin erst nach einer Stunde, sich durch ein Seitenfenster zu zwängen und zu befreien.
- ☐ Die besorgten Eltern, die zwischenzeitlich die Polizei alarmiert hatten, fuhren zu ihrer Tochter und holten sie ab.

14 **Lies den folgenden Unfallbericht „Hund bremst Radfahrer in voller Fahrt" und sieh dir dazu die Übungen 4 bis 6 (→ S. 78 f.) an. Markiere, welche inhaltlichen und sprachlichen Fehler dir auffallen. Notiere Verbesserungsvorschläge und erarbeite so einen korrekten Bericht in deinem Übungsheft.**

Am 11. Mai, vermutlich einem Freitag, passierte der merkwürdige Unfall in der Blumenstraße. Ein Radfahrer wurde von einem Hund vom Rad geschleudert und musste ins Krankenhaus. Irgendwann am Nachmittag ging Peter mit seinem Hund, der wahrscheinlich angeleint war, auf dem Gehweg spazieren. Auf der anderen Straßenseite waren fünf Personen und ein Hund draußen, die den Vorgang beobachteten. Auf einmal waren da zwei Radfahrer. Beide trugen keinen Helm und achteten weder auf die Spaziergänger noch auf den Hund. Dieser lief plötzlich über die Straße und keiner weiß, warum das so war. Leider konnten die beiden Radfahrer nicht mehr bremsen und wurden bei dem Versuch, dem Tier auszuweichen, vom Rad geschleudert. Wo und ob er sich verletzt hat, kann man nicht so genau sagen. Auf alle Fälle musste er zur ärztlichen Behandlung in ein Krankenhaus gebracht werden. Der Hund kam mit dem Schrecken davon. Ein Glück, dass es nicht im Winter passierte, wenn die Straßen glatt sind.

15 **Lies die Aussagen der Schüler über die Besichtigung einer Bäckerei. Notiere wichtige Beobachtungen in einer Mindmap, die du in deinem Übungsheft notierst. Erstelle daraus den Schreibplan für einen Erlebnisbericht in der Schülerzeitung. Verwende auch dafür dein Übungsheft.**

Der Unterrichtsgang war vielleicht anstrengend. Hinterher waren wir alle total erschöpft. Unsere Lehrerin Frau Fröhlich verteilte an alle verschiedene Arbeitsaufträge, die wir im Zusammenhang des Ernährungsprojektes des Biounterrichts bearbeiten sollten. Du konntest gar nichts von anderen abschreiben, sondern musstest alles selbst herausfinden.

Wir, also die Schüler der Klasse 6c, sind am 17. Mai nach der zweiten Stunde mit der Straßenbahn zur Bäckerei Frisch an der Wiesenstraße gefahren und waren dort über zwei Stunden bei der Besichtigung. Zum Schluss war es unglaublich heiß dort, weil wir tatsächlich ein Brot gebacken haben.

Bäckermeister Krustig hat sich vorab genau bei mir und meinem Freund Willi – wir sind nämlich für die Organisation zuständig – per Mail erkundigt, woran die Klasse interessiert ist. Er hat uns wirklich alles gezeigt, was wir sehen wollten, z.B. den Vorratsraum für das Mehl und den großen Backofen.

Der Bäckermeister verteilte Plastikhauben und Mäntel aus Plastikfolie, die wir über unsere Kleidung anziehen mussten. Dann durften wir bei der Brotherstellung zusehen. Wir erfuhren, dass der Teig manchmal noch mit der Hand, meistens aber mit einer Knetmaschine hergestellt wird.

16 **Verbinde die folgenden Sätze mit passenden Konjunktionen, um den logischen Zusammenhang der Inhalte zu verdeutlichen.**

a | Mit Begeisterung zeigte uns Bäckermeister Krustig die große Backstube. Er gab uns dabei viele Informationen zur Brotherstellung.

b | Er zeigte uns, wie man Brot mit der Hand knetet. Er formte unglaublich schnell die benötigten Teigkugeln.

c | Viele Vorgänge laufen automatisch ab. Das Brot muss am Schluss von einem Bäckermeister geprüft werden.

d | Herr Krustig verteilte eine Broschüre zum Thema „Brot". Wir können die Einzelheiten noch einmal nachlesen.

17 **Verfasse einen Erlebnisbericht für die Schülerzeitung über die Bäckereibesichtigung. Beziehe dich dabei auf die Informationen, die du in Übung 15 (→ S. 92) für den Schreibplan gesammelt hast. Überlege dir eine passende Überschrift. Schreibe deinen Bericht ins Übungsheft.**

kittycat

Hallo Leute, kennt sich von euch zufällig jemand mit *Beschreibungen* aus? Ich soll nämlich beschreiben, wie man einen Platten vom Fahrrad repariert. Ganz ehrlich, ich hab zwar schon mal 'nen Schlauch geflickt, aber das ist inzwischen ewig her. Vor allem frag ich mich aber, wie so 'ne Beschreibung aussehen muss. Tipps?

?

DJ_Smile

Na klar, kittycat. Wenn's sonst nix ist. 😉 Wie es aussieht, sollst du einen *Vorgang beschreiben.*
Das läuft ein bisschen anders als bei einer normalen Beschreibung. Denn es ist wichtig, dass du die **Arbeitsschritte** einzeln durchgehst und diese in einer *sinnvollen Reihenfolge* anordnest – nämlich genau so, wie sie nacheinander durchgeführt werden müssen.

Goethe

Wenn ich hier mal kurz was ergänzen darf, bevor wir uns in den Einzelheiten verlieren. 😉
Es gibt nämlich ein ganz gutes *Schema für Vorgangsbeschreibungen.* Sozusagen die Beschreibung der Vorgangsbeschreibung. Da habe ich sogar eine Tabelle dazu:

EINLEITUNG	Thema der Vorgangsbeschreibung Liste der Materialien und Zubehörteile
HAUPTTEIL	Überblick über die ggf. notwendigen Vorbereitungen Ablauf der Arbeitsschritte in sinnvoller Reihenfolge
SCHLUSS	Ergebnis und Funktion des beschriebenen Vorgangs

kittycat

Ist ja klasse. Danke! 🙂

DJ_Smile

So und das heißt jetzt: Für den Vorgang, wie man einen platten Fahrradreifen repariert, überlegst du zuerst mal, was du alles an *Arbeitswerkzeugen* brauchst, um ein Rad wieder flottzukriegen.

kittycat

Na ja, man braucht ein Reparaturset, in dem Schmirgelpapier, Kleber und mehrere Flicken sind. Außerdem muss ich zur **Vorbereitung** als Nächstes das Rad ausbauen, damit ich überhaupt an den Platten rankomme. Dazu würde ich einen Schraubenzieher nehmen. Passt doch, oder?

DJ_Smile

Geht als Notlösung, aber besser du nimmst einen ***Abzieher,*** so heißt das Werkzeug mit **Fachbegriff.** Der ist stumpf und mit dem löst du den Mantel von den Felgen ab. Denn Vorsicht! Der Schlauch sollte nicht noch mehr beschädigt werden. Mach lieber langsam, und wichtig ist natürlich auch, dass du das Ventil so zerlegst, dass du den Ventilschaft durch die Öffnung in der Felge rausnehmen kannst.

kittycat

Noch komplizierter geht's ja nicht. Das sind ja Ausdrücke. Muss das sein? 😟

DJ_Smile

Ja, die richtige Wortwahl ist wichtig! Denn nur so ist absolut eindeutig, was gemeint ist. Verwende **Fachbegriffe** und drücke dich **so klar wie möglich** aus. Alles andere führt zu Nachfragen.

Goethe

Eben. Ein Ventil ist ein Ventil. Und ein Abzieher ist etwas anderes als ein Schraubenzieher. Klarer kann das echt nicht ausgedrückt werden. 😉
So, jetzt haben wir die Werkzeuge und die Vorbereitung, machen wir also mit der Reparatur weiter. Die einzelnen **Arbeitsschritte** müssen ja noch der Reihe nach beschrieben werden.

DJ_Smile

O.k. Als Nächstes muss man ja die Stelle finden, aus der die Luft entweicht, was nicht immer gleich zu sehen ist. Am besten man füllt dazu eine Schüssel mit Wasser, pumpt Luft in den Schlauch, hält ihn unter Wasser und dreht ihn dann, bis man sieht, wo die Luftblasen aufsteigen. Dann kann der Schlauch aus dem Wasser und muss abgetrocknet werden.

kittycat

Ich hab mir immer gleich die Stelle mit einem Filzstift markiert, damit ich weiß, wo der Flicken draufgeklebt werden muss. Dann weiß man auch, wo man mit dem Schmirgelpapier den Schlauch etwas aufrauen muss, damit der Kleber für den Flicken besser hält.
Und wenn's klappt, ist alles wieder perfekt.

DJ_Smile

Na eben. Du solltest nicht zu viele Einzelheiten beschreiben und alle Nebensächlichkeiten weglassen, damit es nicht unübersichtlich wird. Konzentriere dich einfach auf das **Wesentliche.** Lass vor allem keine **wichtigen Schritte** aus! Und das kriegst du bestimmt hin, wo du dich doch inzwischen schon so gut auskennst. Oder gibt's noch 'ne Frage?

Goethe

Halt, es gibt noch was Wichtiges zu sagen:
Weil der **Vorgang jederzeit zu wiederholen** ist, verwendet man als Zeitform das **Präsens.**
Außerdem solltest du gleichzeitig **anschaulich** und auch **sachlich** schreiben, damit man sich die Vorgänge **bildhaft vorstellen** kann. Auch jemand, der sich nicht auskennt, sollte es schaffen, mithilfe deiner Vorgangsbeschreibung einen Schlauch zu flicken.
Und denk dran: **Sachstil** heißt auch, dass du **keine persönlichen Kommentare** oder **Gefühle** bringen darfst.

kittycat

Na logo! Das würde ja stören. Am besten formuliere ich meinen Text wahrscheinlich **unpersönlich** mit „man". Oder?

Goethe

Genau. Du kannst auch ab und zu im **Passiv** (→ S. 12 f.) schreiben, das ist abwechslungsreicher. Mit diesen Tipps sollte die Vorgangsbeschreibung gut hinzukriegen sein.

kittycat

Denk ich auch. Ich setz mich gleich dran!
Danke an alle!

18 **Lies die Zutatenliste für einen Schokoladenkuchen. Ergänze dann die abgedruckte Rezeptbeschreibung, indem du die Angaben aus dem Wortspeicher einfügst.**

Minuten – Schokolade – Teig – Messer – Mandeln – Schiene – Teigschaber – Rührschüsseln – Quirlen – umrühren

Liste der Zutaten:
5 Eier
200 g Blockschokolade
50 g Zucker
200 g weiche Butter
200 g geriebene Mandeln

Die Eier trennen und in zwei verschiedene ________ geben. Die Blockschokolade mit einem ________ grob zerkleinern und alles in einer kleinen Metallschüssel im Wasserbad auflösen. Während die ________ schmilzt, Eigelb und Zucker mit den ________ des Rührgerätes schaumig schlagen. Die Butter in Stückchen zur Eiermasse geben und alles gut verquirlen. Dann ________ und geschmolzene Schokolade ebenfalls dazugeben und gut ________. Danach das Eiweiß steif schlagen. Ein Viertel davon mit dem ________ vermischen und den Rest mit einem ________ vorsichtig unterheben. Den Teig in die Form füllen, glatt streichen und auf die mittlere ________ des auf 170 Grad vorgeheizten Backofens schieben. Nach etwa 40 ________ ist der Kuchen fertig. Er kann jetzt je nach Anlass dekoriert werden.

19 **Anleitungen sind auch als Vorgangsbeschreibungen zu verstehen. Lies dir den folgenden Zaubertrick durch und überlege, welche der nachfolgenden Aussagen zu Recht nicht beachtet wurden. Kreuze diese an.**

Ein Wasserglas hält dicht

Materialien: 1 Glas Wasser, 1 Postkarte

Wirkung: Eine ganz normale Postkarte kann das Wasser aus einem umgekehrten Glas stoppen. Das zeigt der Zauberer mit diesem Trick und beeindruckt so sein Publikum.

Durchführung: Das Glas ganz bis zum Rand mit Wasser auffüllen. Dann die Postkarte darauflegen und mit der flachen Hand andrücken. Nun das Glas unter Aufsagen von Zaubersprüchen mit der flach aufgedrückten Hand umdrehen, sodass die Postkarte auf der flachen Hand liegt und die Öffnung des Glases nach unten zeigt. Mit einem lauten Schrei langsam die Hand wegziehen.
Die Zuschauer werden überrascht sein, denn die Postkarte verschließt weiter die Öffnung des Glases und kein Tropfen Wasser rinnt heraus. Die Spannung durch ein fröhliches „Juhu!“ lösen, das die Erleichterung des Zauberkünstlers deutlich macht.

Erklärung: Es tritt kein Wasser aus, weil die Postkarte so dicht abschließt, dass keine Luft in das Glas gelangen kann. Die Luft von außen drückt stärker gegen die Postkarte als das Wasser von innen.

- ☐ Alle benötigten Materialien sind angegeben.
- ☐ Die Beschreibung ist in einer sinnvolle Reihenfolge angeordnet.
- ☐ Die Anleitung ist unvollständig, sodass dem Leser nicht alle wichtigen Informationen mitgeteilt werden.
- ☐ Der Text ist ausschließlich im Sachstil verfasst und enthält keinerlei Gefühle.
- ☐ Es werden ausschließlich Fachbegriffe verwendet.
- ☐ Wortwahl und Satzbau sind zu wenig abwechslungsreich.
- ☐ Adjektive und Verben, die die Beschreibung anschaulich gestalten, sind in angemessener Anzahl vorhanden.
- ☐ Präsens ist die richtige Zeitform für die Beschreibung.
- ☐ Die Anleitung ist informativ, auch weil ein unpersönlicher und passivischer Sprachstil gebraucht wird.

20 **Das folgende Rezept für die Herstellung von Waffeln ist durcheinandergeraten. Bringe es in eine sinnvolle Reihenfolge, indem du die Angaben nummerierst.**

- [ ] Etwa 3–4 Esslöffel Teig in das aufgeheizte Waffeleisen geben, sodass alle Herzen darin ausgefüllt sind.
- [ ] Die Waffeln goldbraun backen. Mit einem Pfannenwender aus Holz vorsichtig aus dem Waffeleisen herauslösen.
- [ ] Mehl, Zucker, Salz, Vanillezucker, Eier, Milch und die geschmolzene Butter mit den Quirlen des Rührgerätes zu einem Teig verrühren.
- [ ] Puderzucker in ein Sieb geben, die fertigen Waffeln damit bestäuben und sofort essen – frisch sind sie am besten!
- [ ] Das Waffeleisen mit einem Teelöffel Öl einpinseln und bei geschlossenem Deckel 10 Minuten aufheizen.
- [ ] Die Butter in einem kleinen Topf bei mittlerer Temperatur schmelzen.
- [ ] Das Waffeleisen schließen. Die Griffe dabei leicht zusammendrücken, damit sich der Teig besser verteilt.

21 **Lies den Chat auf Seite 94 ff. noch einmal aufmerksam durch. Erstelle eine Liste der Materialien und Zubehörteile, die für die Reparatur eines platten Fahrradreifens notwendig sind. Notiere sie in der Reihenfolge in deinem Übungsheft, wie sie gebraucht werden.**

Liste der benötigten Materialien:

1. Abzieher oder Schraubenzieher

2. ...

22 **Entwirf, ausgehend von der Materialliste, einen Schreibplan. Ordne die wichtigsten Arbeitsschritte in einer sinnvollen Reihenfolge an. Schreibe in dein Übungsheft.**

Arbeitsschritte:

1. Reparaturset mit Flicken, Schmirgelpapier und Kleber bereitlegen.

2. ...

23 **Schau dir die folgenden Informationen und Bilder zum Thema „Freundschaftsarmbänder knüpfen“ an.
Erstelle zunächst einen Schreibplan und entwirf dann eine Vorgangsbeschreibung. Schreibe in dein Übungsheft.
Vielleicht hast du Lust, mal ein Bändchen im Querstreifenmuster selbst zu knüpfen? Viel Spaß!**

Benötigte Materialien:
- Wolle in Rot, Grün und Blau
- Schere
- Sicherheitsnadel

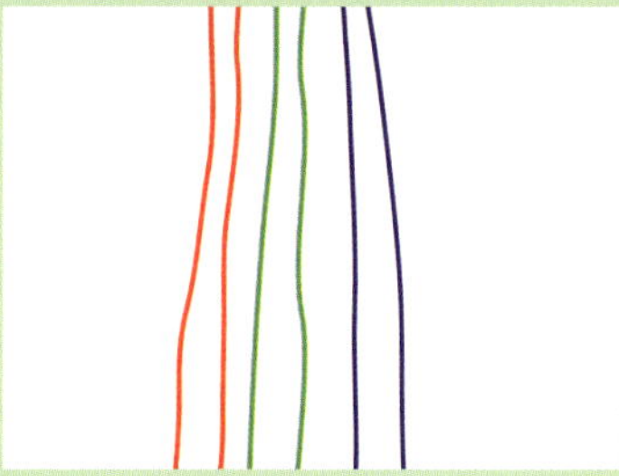

Fadenlänge 80 cm

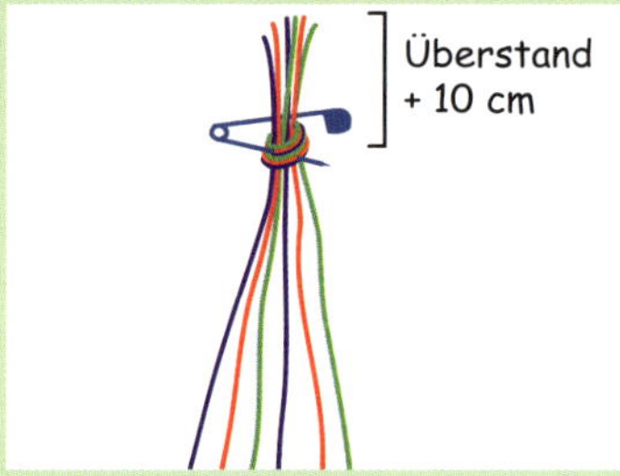

Verknoten, feststecken

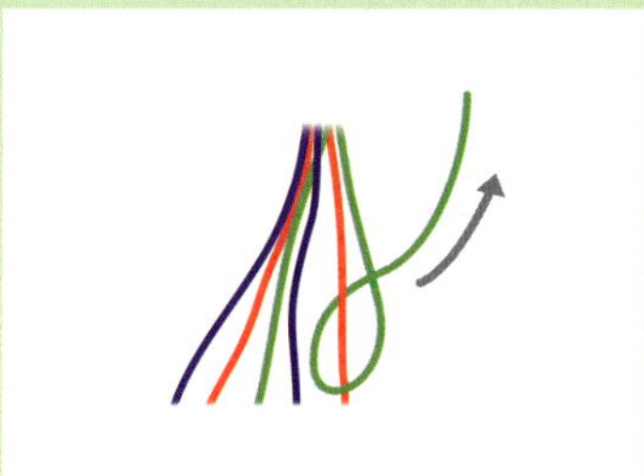

Schlinge ziehen, wiederholen

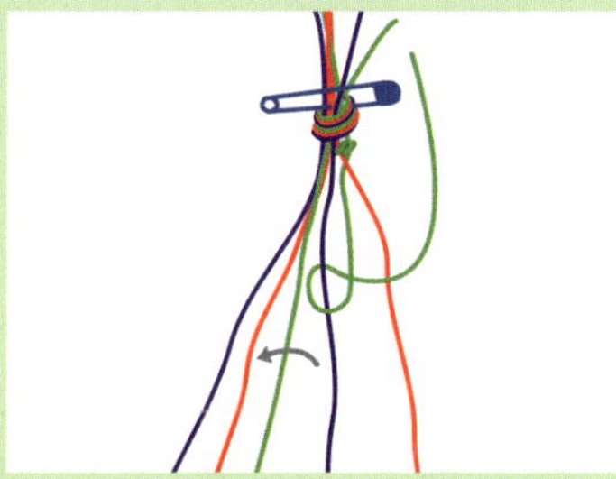

Nächster Doppelknoten

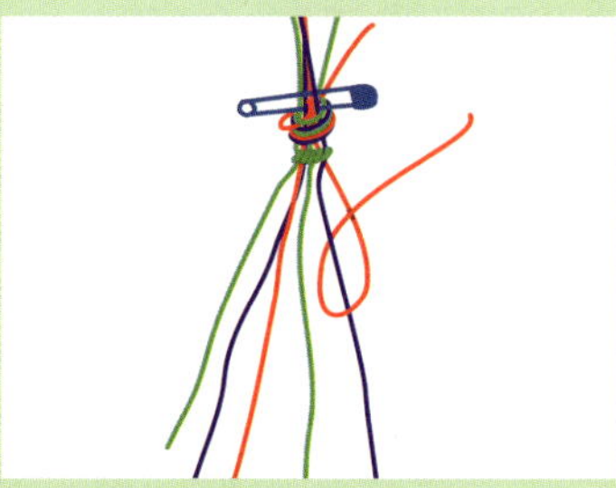

Nächster Querstreifen

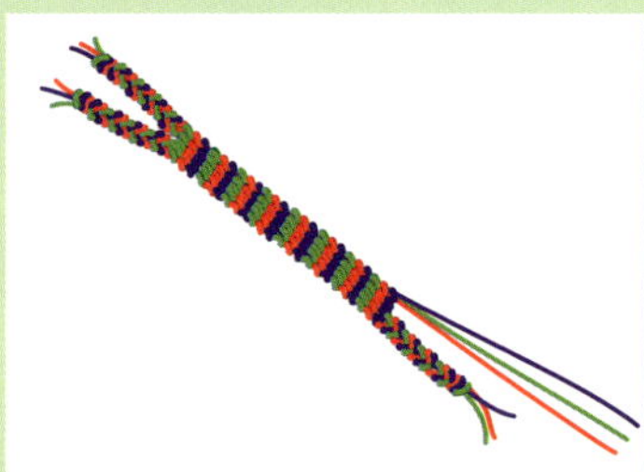

Zöpfe als Verschluss

5 TEXTE ANALYSIEREN UND VERSTEHEN

BEISPIEL

Gedichte:
- Merkmale: *Vers, Strophe, Endreim*
- Sprachliche Bilder: *Vergleich, Metapher, Personifikation*
- Reimschema: *Paarreim, Kreuzreim, umarmender Reim*

Sagen, Märchen und Fabeln:
- *wahrer Kern der Sage*
- *formelhafte Sprache im Märchen*
- *moralische Lehre am Schluss von Fabeln*

VERWENDUNG

Du kannst Texte durch zusätzliche Hintergrundinformationen besser verstehen:
- Erkennen der Merkmale eines Textes
- Entschlüsseln der bildhaften Sprache
- Unterscheiden von Fabeln, Märchen und Sagen anhand typischer Figuren und Formelemente

WIEDERHOLEN

Das sollten wir eigentlich schon kennen:
- Unterschiede zwischen Sachtexten und literarischen Texten
- sinnvolle Lesestrategien
- unterschiedliche Erzählperspektiven

kittycat

Hi! Ich muss euch was Tolles zeigen. Bin total begeistert von einem ***Gedicht,*** das ich gefunden habe:

Schläft ein Lied in allen Dingen,
die da träumen fort und fort.
Und die Welt hebt an zu singen,
triffst du nur das Zauberwort.

DJ_Smile

Klingt spannend und irgendwie auch geheimnisvoll. Kann schon verstehen, dass du ein Fan davon bist. 😉

kittycat

Übrigens stammt das Gedicht von Joseph von Eichendorff und heißt „Wünschelrute“.
Ich würd auch gern so was schreiben können. 😊

DJ_Smile

Nee, das wäre mir zu anstrengend – nicht mal eine einzige ***Strophe*** würde ich schreiben wollen. Da muss sich ja dann am Ende der Zeilen alles **reimen.**

kittycat

Na ja, so schlimm ist das auch nicht. Eine **Zeile** in einem Gedicht heißt übrigens ***Vers.*** Und es reimen sich auch nicht alle Verse, sondern nur bestimmte. Sie folgen einem bestimmten ***Reimschema:***

PAARREIM	KREUZREIM	UMARMENDER REIM
a a b b zwei aufeinanderfolgende Verse reimen sich	**a b a b** der 1. und der 3. sowie der 2. und der 4. Vers reimen sich	**a b b a** der 1. und der 4. sowie der 2. und der 3. Vers reimen sich

DJ_Smile

O. k., aber man muss auch die typische Sprache eines Gedichtes draufhaben, ich meine diese ganz ***besondere Wortwahl.*** Überleg dir das mal:
- ***„hebt an zu singen“:*** Da hätte es doch einfach heißen können: *fängt an zu singen.*
- ***„die da träumen fort und fort“:*** Das ist voll kompliziert ausgedrückt, anstatt einfach zu schreiben: *hören nicht auf zu träumen.*

Nullraff

Will euch ja nicht die Stimmung verderben. Aber mal ganz ehrlich: Wie sollen denn ein Lied *schlafen,* Dinge *träumen* und die Welt *singen?* Ist doch voll unrealistisch, findet ihr nicht?

kittycat

Das ist eben 'ne andere Art, die Welt zu sehen. Ich finde das voll cool, was mit Sprache und Fantasie vorstellbar wird.
Stört dich das wirklich, dass das Lied, die Dinge und die Welt handeln können, als wären sie Menschen?

Nullraff

Das hat doch überhaupt keinen Sinn! Total unlogisch alles. Oder habt ihr noch 'ne andere Erklärung? Die muss dann aber echt überzeugend sein. ☹

Goethe

Ich will es ja nicht zu kompliziert machen, aber ihr quatscht gerade über die besonderen **Stilmittel,** sozusagen über das Markenzeichen von Gedichten. Dazu gehört vor allem auch die Verwendung von ***sprachlichen Bildern.*** Mit diesen bildlichen Ausdrücken werden Gedanken in einer ganz eigenen, **verdichteten Sprache** formuliert. Es gibt verschiedene sprachliche Bilder, hier mal mit Beispielen:

- Die ***Personifikation*** meint, dass Tiere oder Gegenstände Eigenschaften oder Fähigkeiten haben, die eigentlich nur Personen haben können, z. B. *die Blätter **tanzen,** die Sonne **lacht,** der Himmel **weint.***
- Die ***Metapher*** ist ein bildhafter Ausdruck mit einer übertragenen Bedeutung, z. B. würde man *am liebsten **im Boden versinken,*** wenn einem etwas sehr unangenehm ist. Aber das geschieht ja dann nicht.
- Der ***Vergleich*** enthält das Wörtchen ***wie,*** durch das zwei Dinge miteinander verglichen werden, z. B. *du strahlst **wie** die Sonne,* weil du's nun kapiert hast. ☺

Nullraff

Mag ja alles sein, aber ich checke immer noch nicht, wie die Überschrift „Wünschelrute" mit dem Gedicht zusammenhängen soll?

kittycat

Wir können es ja mal gemeinsam versuchen. Zuerst musst du wissen, dass eine Wünschelrute in der ***direkten Bedeutung*** eine Art Stab ist, mit dem speziell begabte Menschen etwas aufspüren können, das im Erdboden verborgen ist.

Nullraff

Also mal ganz ehrlich, Gedichte sind schon kompliziert, oder? Was nützt mir das denn jetzt, wenn ich das weiß?

Goethe

Wenn ich mich mal kurz einmischen darf:
Du musst die Wünschelrute als ***Metapher*** sehen, sie also in ihrer ***übertragenen Bedeutung*** auf das Gedicht beziehen.
Ungefähr so: Die Wünschelrute könnte das Zauberwort oder die Sprache sein, mit der es gelingt, das „Lied in allen Dingen" – also die verborgenen Bedeutungen oder die Fantasie – zum Leben zu erwecken.

kittycat

Ach, und noch was: Der übertragene Sprachgebrauch bei Metaphern **verselbstständigt** sich. Wenn z. B. von *Rabeneltern* die Rede ist, weiß jeder, dass nicht die Vögel gemeint sind, sondern Eltern, die sich nicht wirklich um ihre Kinder kümmern. 😉

Nullraff

Klar, den Begriff *Rabeneltern* kenn ich auch. Hätte aber nicht gewusst, dass das eine Metapher ist. 🤓
Und ich hab noch eine ganz andere Frage: Wer ist denn mit diesem „du" gemeint im letzten Vers: *triffst du nur das Zauberwort.*

DJ_Smile

Für mich ist ***du*** gleichbedeutend mit ***man.*** Wie ich es verstehe, ist jeder im Gedicht angesprochen. Man denkt an niemanden konkret. Es ist also eine **unpersönliche Ausdrucksweise.**

kittycat

Dadurch wirkt das eigentlich wie ein Zauberspruch. Und man hofft natürlich, dass er funktioniert. 😉
Muss jetzt weg, Leute. Hat mal wieder Spaß gemacht mit euch.

1 **Vervollständige den Auszug aus dem Gedicht „Schnurpsenzoologie" von Michael Ende, indem du passende Wörter aus dem Wortspeicher miteinander verbindest (wie im Beispiel). Wenn du Lust hast, kannst du dir auch weitere Zeilen ausdenken.**

KANARIE – GEISS – FORELLE – WANZE – DACKEL – ~~ELEFANT~~ – FERKEL – DROMEDAR – WELLENSITTICH – PAPAGEI – RHINOZEROS – ~~KAMEL~~ – ZEBRA – MAIKÄFER

Im Urwald, Forschern unbekannt,

lebt fröhlich der KAMELEFANT. (KAMEL + ELEFANT)

Durch Wüstensand trabt mit Gewackel

ein seltnes Tier, der ______________.

Im bunten Federkleid ganz leis

meckert im Stall die ______________.

Mit viel Gequiek und viel Gewerkel

fliegt auf den Baum das ______________.

Es piekt im Bett mal dort, mal da

gestreift und platt das ______________.

Im Vogelkäfig riesengroß

singt das ______________.

Durchs Wasser schwimmt mit buntem Fittich

laut zwitschernd der ______________.

Du meinst, es gibt kein einz'ges Tier
von allen, die ich nannte hier?
Sei doch so gut und mal sie mir,
dann gibt es sie – auf dem Papier.

2 **Bilde ausdrucksstarke Vergleiche: Verbinde die Wörter mit den passenden Abbildungen und füge „wie ein / wie eine" ein, z. B.: *schwarz wie die Nacht*.**

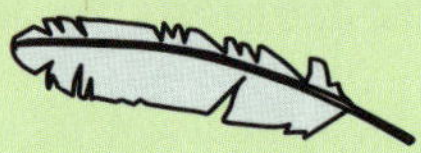

schlau

diebisch

störrisch

leicht

schnell

langsam

stark

3 **Ordne die im Wortspeicher angegebenen Metaphern den Erläuterungen zu.**

Warteschlange – auf einer Erfolgswelle reiten – Nussschale – Wüstenschiff – das Recht mit Füßen treten

Kamel =

Wartende Reihe von Personen =

Kleines Boot =

Über eine längere Zeitspanne Erfolg haben

=

Das Recht gering schätzen

=

4 **Erläutere die folgenden Metaphern. Notiere die Lösungsvorschläge ggf. in deinem Übungsheft.**

leeres Stroh dreschen = inhaltslos reden

eine rosarote Brille aufsetzen =

die Stecknadel im Heuhaufen suchen =

den Nagel auf den Kopf treffen =

5 **Benenne das Reimschema des folgenden Gedichts und finde heraus, was die unterstrichenen Begriffe bedeuten. Schlage sie ggf. nach und notiere die Antworten daneben.**

Humor (Wilhelm Busch)
Es sitzt ein Vogel auf dem Leim,
Er flattert sehr und kann nicht heim.
Ein schwarzer Kater schleicht herzu,
Die Krallen scharf, die Augen gluh. →
Am Baum hinauf und immer höher
Kommt er dem armen Vogel näher.
Der Vogel denkt: Weil das so ist,
Und weil mich doch der Kater frisst,
So will ich keine Zeit verlieren,
Will noch ein wenig quinquilieren →
Und lustig pfeifen wie zuvor.
Der Vogel, scheint mir, hat Humor.

Reimschema:

6 **Lies die nachfolgenden Deutungsvorschläge zum Gedicht „Humor" (vgl. Übung 5). Kreuze diejenigen an, die deiner Meinung nach die Metapher, also die übertragene Bedeutung des sprachlichen Bildes, am zutreffendsten erfassen.**

- ☐ Vogel und Kater begegnen sich auf einem Baum beim Klettern.
- ☐ Humor ist, wenn man trotzdem lacht.
- ☐ Wenn eine Situation nicht zu ändern ist, sollte man immer das Beste daraus machen.
- ☐ Die Situation eines Vogels ist ausweglos, wenn er einem Kater zu nahe kommt.

DJ_Smile

Hallo Leute, wie geht's so? Hab mal wieder einen Spezialauftrag für euch: Ich muss eine Übersicht erstellen, worin sich **Märchen, Fabeln und Sagen** unterscheiden. Dazu soll ich diesen Text verwenden:

Einst herrschte in der Stadt Hameln an der Weser große Not, weil die Ratten und Mäuse alle Vorräte auffraßen und die Bürger Hunger leiden mussten. Als die hohen Ratsherren sich gar nicht mehr zu helfen wussten, kam ein fahrender Musikant in die Stadt, der versprach, die Bürger von der Plage zu befreien. Dafür stellte ihm der Bürgermeister einen Beutel voll Dukaten in Aussicht.
Nun nahm der Fremde seine Flöte aus der Tasche und spielte eine gar seltsame, betörende Melodie.

?

kittycat

Krass, das kenn ich. Das ist doch der Anfang vom „Rattenfänger von Hameln".
Ich glaub, das geht dann so weiter, dass der mit seiner Musik alle Ratten aus der Stadt lockt, aber die versprochene Belohnung nicht kriegt und aus Rache alle Kinder der Stadt entführt.

DJ_Smile

Stimmt genau. ☺ Ultracool wäre, wenn du jetzt noch wüsstest, ob das eine Fabel, eine Sage oder ein Märchen ist. Wie sieht's aus?

?

kittycat

Soweit ich weiß, ist das eine **Sage.** Ein Märchen ist es jedenfalls nicht. Dann hätte es ja mit *Es war einmal* anfangen müssen.

Nullraff

Hä? Das ist doch keine Sage. Ich dachte, wenn Tiere drin vorkommen, dann ist das auf alle Fälle eine Fabel, oder? 😧

?

kittycat

Nee, so einfach geht's nicht. Auch in **Märchen** gibt es manchmal **sprechende Tiere.** In der **Fabel** sind sie aber die **einzig Handelnden,** im Märchen eben nicht. Das ist der Unterschied.

Goethe

Wenn ich noch was ergänzen darf: Typisch für die **Fabel** ist, dass die **Tiere** – manchmal sind es auch Pflanzen – sprechen und handeln **wie Menschen** und festgelegte, **typische Eigenschaften** haben, z. B.:

Fuchs: *schlau, hinterlistig*
Wolf: *gierig, rücksichtslos*
Rabe: *eitel, besserwisserisch*
Hase: *schnell, vorlaut*
Löwe: *mächtig, stolz, gefährlich*
Maus: *schutzlos, schlau*

kittycat

Außerdem gibt's eine ***moralische Lehre*** am Schluss, das heißt, aus dem Handeln der Tiere soll man was **lernen.** Mir fällt da z. B. die Fabel ein, in der ein Frosch so groß werden will wie ein Ochse und vor lauter Größenwahn schließlich platzt. Die Moral lautet, dass die Kleinen draufgehen, wenn sie's mit den Großen aufnehmen.

DJ_Smile

Stimmt, ist 'ne klare Ansage. Das gibt's beim *Rattenfänger* nicht. Spricht dafür, dass es 'ne Sage ist. Man muss selbst verstehen, dass es zu keinem guten Ende führt, wenn man Vereinbarungen nicht einhält.

Nullraff

O. k., leuchtet sogar mir ein. Aber warum ist das kein Märchen? Ich hab inzwischen nämlich die Geschichte im Internet gefunden und denke mal, dass das Ende doch ein typischer Märchenschluss ist:
... keiner hat je erfahren, was aus den Kindern geworden ist.

?

kittycat

Spooky! Aber beim Märchen müsste es doch heißen: *Und wenn sie nicht gestorben sind, dann ...* **Märchen** haben am Anfang und am Schluss doch immer diese **formelhaften sprachlichen Wendungen** und sind auch **zeitlos.**

Goethe

Genau! Im Unterschied zu den Märchen gehen **Sagen** auf **historische Begebenheiten** zurück. Es gibt meist einen ***wahren Kern*** und einen **bestimmten Ort,** an dem sich die Handlung abspielt, also z. B. Hameln.

DJ_Smile

Ach so, du meinst, dass im Gegensatz dazu im **Märchen** die Handlung in irgendeinem Schloss, tief im Wald oder auf irgendeiner Burg stattfindet?

kittycat

Ja, eben **kein bestimmter Ort,** sondern ein **märchenhafter Schauplatz.**
Mir fällt noch ein, dass es im *Märchen* **Helden** gibt. Die müssen **Prüfungen** bestehen oder Aufgaben lösen. Oft kommt es zu wunderbaren Begebenheiten und dabei können auch alltägliche Gegenstände **Zauberkraft** besitzen. Meist spielen **magische Zahlen** eine Rolle, wie z. B. die drei Wünsche, die sieben Zwerge und die sieben Geißlein. Ich geh mal davon aus, dass die Märchen bekannt sind. 😉

Goethe

Na klar, das sind typische Beispiele *für Haus- und Volksmärchen:* Sie folgen einem festen Schema, weil sie ursprünglich mündlich überliefert wurden und die Erzähler sich die Geschichten dadurch besser merken konnten.

Nullraff

Gibt's denn eigentlich nur Unterschiede oder auch **Gemeinsamkeiten** von Märchen, Fabel und Sage?

kittycat

Klar gibt es die: In *Märchen und Fabeln* haben die Personen oder Tiere meist **keine persönlichen Namen.** Es sind **typische Figuren,** die für **Gegensätze** wie *gut und böse* stehen, oder auch für *faul – fleißig, arm – reich, schön – hässlich* usw.
Bei den *Sagen* ist das unterschiedlich: Es gibt ganz bestimmte, geschichtlich **überlieferte Namen** oder auch **verallgemeinernde Bezeichnungen** wie *der Rattenfänger von Hameln.* 😉

DJ_Smile

O. k. Mir brummt der Kopf, so viel habt ihr da zusammengetragen. Ich muss mir das mal aufschreiben. Jedenfalls kann ich jetzt meine Aufgabe erledigen. Besten Dank an alle!

7 **Der folgende Text ist durcheinandergeraten. Bringe die fünf Abschnitte in die richtige Reihenfolge und trage die Buchstaben unten ein.**

Der süße Brei

A Das Mädchen brachte den Topf seiner Mutter heim, und nun waren sie ihrer Armut und ihres Hungers ledig und aßen süßen Brei, sooft sie wollten.

B Also kochte es fort, und der Brei stieg über den Rand hinaus und kochte immerzu, die Küche und das ganze Haus voll und das zweite Haus und dann die Straße, als wollt's die ganze Welt satt machen, und war die größte Not, und kein Mensch wusste sich da zu helfen.

C Endlich, wie nur noch ein einziges Haus übrig war, da kam das Kind heim und sprach nur: „Töpfchen, steh!", da stand es und hörte auf zu kochen, und wer wieder in die Stadt wollte, der musste sich durchessen.

D Es war einmal ein armes, frommes Mädchen, das lebte mit seiner Mutter allein, und sie hatten nichts mehr zu essen. Da ging das Kind hinaus in den Wald, und dort begegnete ihm eine alte Frau, die wusste seinen Jammer schon. Sie schenkte ihm ein Töpfchen, zu dem sollte es sagen: „Töpfchen, koche!", so kochte es guten, süßen Hirsebrei, und wenn es sagte: „Töpfchen, steh!", so hörte es wieder auf zu kochen.

E Auf eine Zeit war das Mädchen ausgegangen, da sprach die Mutter: „Töpfchen, koche!", da kochte es, und sie aß sich satt; dann wollte sie, dass das Töpfchen wieder aufhören soll, aber sie wusste das Wort nicht.

Die richtige Reihenfolge: ___ – ___ – ___ – ___ – ___

8 **Um welche Textsorte handelt es sich in Übung 7: eine Fabel, ein Märchen oder eine Sage? Nenne zwei Gründe für deine Zuordnung.**

Es handelt sich um ______________________, denn

1. ______________________

2. ______________________

9 **Ordne den Fabeln A, B und C passende Überschriften aus dem Kasten zu. Achte dabei auf die Eigenschaften der Tiere. Fülle dann die Textlücken.**

Der Wolf und der Kranich – Der Esel und der Wolf – Der Löwe und der Hase – Der Rabe und der Fuchs – Der Löwe und die Maus – Der Adler und der Löwe

Text A: ______________________

______________, dem ein Bein in der Kehle steckte, versprach ______________ eine Belohnung, wenn er ihm das Bein, das ihn so schmerzte, mit seinem Schnabel wieder herausziehen wollte. ______________ leistete diesen Dienst und forderte dann die Bezahlung, worüber sie einig geworden waren. Allein ______________ sagte mit spöttischem Hohngelächter und Zähnefletschen: „Sei froh, dass du deinen Kopf gesund und unverletzt wieder aus meinem Rachen zurückgebracht hast.“

Text B: ______________________

______________ lief über einen schlafenden ______________. ______________ erwachte und ergriff ______________. „Verzeihe mir“, flehte ______________, „meine Unvorsichtigkeit, und schenke mir mein Leben, ich will dir ewig dafür dankbar sein. Ich habe dich nicht stören wollen.“ Großmütig schenkte ______________ ______________ die Freiheit und sagte lächelnd zu sich, wie will wohl mir dankbar sein. Kurze Zeit darauf hörte das fürchterliche Gebrüll , lief neugierig dahin, von woher der Schall kam, und fand den Wohltäter in einem Netze gefangen. Sogleich zernagte einige Knoten des Netzes, sodass frei war.

Text C:

hatte einen Käse gestohlen, flog damit auf einen Baum, um die Beute zu verzehren. Da beim Essen nicht schweigen können, hörte ein vorbeikommender über dem Käse krächzen, lief eilig hinzu und begann zu loben. taten diese Schmeicheleien so wohl, dass er seinen Schnabel weit aufsperrte, um etwas vorzusingen. Dabei fiel der Käse herunter. Den nahm behänd, fraß ihn und lachte über den törichten .

10 **Am Schluss der Fabel steht eine moralische Lehre. Überlege für eine der Fabeln aus Übung 9, wie die Lehre lautet. Kreise entsprechend ein und ergänze deinen Vorschlag.**

Lehre zu A / B / C:

11 **Fabel, Sage oder Märchen? Überlege dir, wozu der folgende Text zu zählen ist. Kreuze die zutreffenden Aussagen an und notiere dann, um welche Textsorte es sich handelt.**

Der Fußabdruck in der Münchner Frauenkirche
Im Jahre 1468 hielt sich der viel gerühmte Herzog Christoph von Bayern längere Zeit im Schloss Grünwald bei München auf. Da erfuhr er, dass sein Bruder Sigismund beabsichtigte, mitten in München einen schönen Dom zu Ehren der Gottesmutter zu bauen. Zustimmend rief der Herzog, der wie seine anderen Brüder ein frommer Mann war: „Recht hat er, der Herr Bruder, aber mit dem Geld wird's was haben!" Bekräftigend stampfte er bei den Worten „Recht hat er" auf den Boden. Nun war aber Herzog Christoph ein dermaßen starker Mann, dass durch die Wucht des Stampfens der Abdruck seines Fußes deutlich auf dem Quaderstein, auf dem er gestanden hatte, zu sehen war. Dieser Abdruck wurde daraufhin – so wird berichtet – künstlich noch ein wenig tiefer eingegraben, um die Umrisse des herzoglichen Fußes deutlicher hervortreten zu lassen. Später wurde der Quaderstein in dem neu gebauten Dom an der Stelle eingemauert, an der er sich bis auf den heutigen Tag befindet: unter der Orgel.

- [ ] Tiere und Pflanzen sind die handelnden Figuren.
- [ ] Historische Persönlichkeiten spielen eine zentrale Rolle.
- [ ] Alltägliche Gegenstände haben Zauberkraft.
- [ ] Es gibt konkrete Ortsangaben.
- [ ] Eine Lehre der Geschichte wird direkt genannt.
- [ ] Die Ereignisse werden zeitlich festgelegt.
- [ ] Ein Held muss eine Prüfung bestehen.
- [ ] Magische Zahlen spielen eine wichtige Rolle.
- [ ] Alles ist vom Verfasser frei erfunden.
- [ ] Der Handlungsablauf ist schematisch vorgegeben.
- [ ] Am Anfang und am Ende stehen formelhafte Wendungen wie z. B. „Es war einmal".

Textsorte: ______________________

1. WORTARTEN UND WORTFORMEN

ZEITFORMEN DES VERBS

1 | → Seite 9

hatten ... ausgedacht – hatte ... gekauft – hatte ... gedeckt – hatten ... aufgestellt – war ... gegangen – hatte ... besorgt – fertig geworden waren – gesehen hatten – vorbereitet hatten

2 | → Seite 9

haben: arbeiten, sehen, frieren, helfen, bekommen, chatten, reden
sein: entkommen, weggehen, laufen, schwimmen

3 | → Seite 10

Ein Freund hatte uns ein Hotel empfohlen, das nicht im Führer stand.
Gestern sah ich den Film, von dem du mir erzählt hattest.
Zur Party kamen mehr Leute, als ich eingeladen hatte.

4 | → Seite 10

Wir werden einen Test geschrieben haben.
Das Schiff wird gesunken sein.
Er wird dich um Hilfe gebeten haben.
Er wird mit dem Zug gekommen sein.

5 | → Seite 11

PRÄTERITUM	PERFEKT	FUTUR II
Wir lachten.	Wir haben gelacht.	Wir werden gelacht haben.
Du erwachtest.	Du bist erwacht.	Du wirst erwacht sein.
Jonas rannte.	Jonas ist gerannt.	Jonas wird gerannt sein.

6 | → Seite 11

Reihenfolge: 5, 2, 1, 4, 3
1: Plusquamperfekt
2: Perfekt
3: Präteritum
4: Präteritum / Futur I
5: Futur II

7 | → Seite 11

Lösungsvorschlag:
Der Popstar hatte gesungen. Er wird gesungen haben.
Das Pferd war über das Hindernis gesprungen. Es wird gesprungen sein.
Der Skispringer war gestürzt. Der Reiter wird vom Pferd gestürzt sein.
Ich hatte gut gelernt. Ich werde gut gelernt haben.
Anna und Lisa hatten miteinander telefoniert. Morgen Abend werden wir miteinander telefoniert haben.

AKTIV UND PASSIV DES VERBS

8 | → Seite 14

Die Vase, Marita, Jara, das ganze Wasser

9 | → Seite 14 / 15

arbeitet **A,** werden ... heruntergelassen **P,** ist ... befestigt **P,** wird ... geführt **P,** bindet ... fest **A,** kehrt ... zurück **A,** wird ... beladen **P,** beladen ist **P,** geht **A,** wird gelöst **P,** heruntergelassen werden können **P,** ist ... gelöst **P,** wird ... gezogen **P,** loslässt **A,** wird ... gezogen **P,** treffen ... zusammen **A,** wird ... zerschmettert **P,** ist ... beendet **P,** wird ... gezogen **P,** lässt ... los **A,** stürzt **A,** wird ... abgefedert **P**

10 | → Seite 15

Der Koch verrührt zunächst 40 g Speisestärke und 3 EL Kakaopulver mit 150 ml kalter Milch. Dann kocht er 350 ml Milch auf und rührt 4 EL Zucker unter, bis sich dieser aufgelöst hat. Danach gibt der Koch die Kakaomasse unter Rühren dazu und hebt sie eine Minute lang vorsichtig unter. Schließlich stellt er das Ganze in den Kühlschrank.

11 | → Seite 15

transitiv: schlagen, sehen, lieben
intransitiv: laufen, warten, schlafen, scheinen

Lösungsvorschlag:
Klara wird von ihrem Bruder geschlagen.
Das Kaninchen wird von mir gesehen.
Mama wird von Papa geliebt.

12 | → Seite 16

Zunächst wird eine feste Kordel an einem Besenstiel befestigt. Das andere, lose Kordelende wird an einen Eimer gebunden. Für jeden Spieler werden zudem 5 Tischtennisbälle benötigt.
Die 5 Tischtennisbälle werden den Spielern ausgehändigt. Danach werden die Spieler dazu aufgefordert, sich 2 bis 3 Meter entfernt vom Eimer aufzustellen. Der Eimer wird vom Spielleiter mit dem Besenstiel gleichmäßig hin und her geschwenkt.
Die Tischtennisbälle müssen in den Eimer geworfen werden. Derjenige, von dem am meisten Bälle im Eimer gelandet sind, wird als Sieger geehrt.

13 | → Seite 16

Der Koffer wird gepackt.
Die Tür wird geschlossen.
Die Haare werden gewaschen.
Die Blumen werden gegossen.

14 | → Seite 16

wird geteert: Vorgangspassiv
werden angezündet: Vorgangspassiv
ist gefasst: Zustandspassiv
ist gestillt: Zustandspassiv

ADVERB

15 | → Seite 19

Lokaladverbien: dort, unten, drinnen, überall, nirgendwo, dorthin, hier
Temporaladverbien: bald, unterdessen, selten, nie, dann, endlich, morgen, jetzt, oft
Modaladverbien: gern, blindlings, rückwärts, eilends, ziemlich, nebenbei, ganz
Kausaladverbien: daher, folglich, darum, deswegen

16 | → Seite 19

Adverbien in dieser Reihenfolge:
Irgendwo, Bisweilen, immer, abends, Beinahe, angeblich, zumeist, dann, Deshalb, So, leider, genau, Darum, Neulich, sofort, unten, tatsächlich

17 | → Seite 20

Adverbien in dieser Reihenfolge:
immer, sehr lang, Zuerst, allmählich, ganz, deshalb, vorher, Selten

18 | → Seite 20

Lösungsvorschlag:
hoffentlich, wissentlich, namentlich, versehentlich, eigentlich
glücklicherweise, scharenweise, stückchenweise, möglicherweise, bedauerlicherweise
morgens, frühestens, abends, nachmittags, samstags

19 | → Seite 21

Zu unterstreichen in dieser Reihenfolge:
Lange, Ziemlich, wirklich, darum, folglich, erfreulicherweise, Einfach, dann, sogar, behutsam, eindrucksvoll, anders

Die richtige Reihenfolge der Adverbien:
Ziemlich, Lange, darum, einfach, anders, folglich, Dann, erfreulicherweise, behutsam, eindrucksvoll, wirklich, sogar

PRONOMEN

20 | → Seite 25

In dieser Reihenfolge einzufügen:
das, Diejenigen, das, Das, Die, dieses, diejenige oder denjenigen

21 | → Seite 25

Ich suche das Buch, (das) Julia mir geliehen hat. In der Geschichte, (die) darin erzählt wird, geht es um Mobbing. Der Text, (den) ich meine, hat den Titel „Nicht Chicago. Nicht hier." Die Autorin, (die) das Buch geschrieben hat, ist Kirsten Boie. Der Junge, (der) darin die Hauptrolle spielt, heißt Niklas. Niklas, (der) von einem neuen Mitschüler gemobbt wird, findet kaum Unterstützung, weil ihm keiner glaubt. Nur sein Vater, (den) Niklas gegen Ende einweiht, als fast schon alles zu spät ist, unterstützt ihn.

22 | → Seite 26

Stefan hat einen Kater, der Max heißt.
Stefan sucht Max, der sich in der Hecke versteckt hat.
Der Kater jagt eine Maus, die hinter einer Pflanze sitzt.
Max springt ins Blumenbeet, das frisch bepflanzt ist.
Stefan sieht Max, der gerade die Tulpen zertrampelt hat.
Stefan schnappt sich den Kater, der sich keiner Schuld bewusst ist.

23 | → Seite 26 / 27
In dieser Reihenfolge einzufügen:
alles, alle, jeder, irgendwen, keiner, Man, niemanden, jedes, jemand, jeden

24 | → Seite 27
Dieser (Hund) ist meiner, jener (dort hinten) gehört meinem Freund.
Eva spricht mit jenem Mann, der an der Tür steht.
Ich hätte gerne diese rote (Blume), nicht die / jene blaue.
Diese (Ledertasche) gehört mir. Dir gehört doch jene / die (da drüben).

25 | → Seite 28
Im Jugendbuch „Im Schatten der Wächter", das **(RP)** von Graham Gardner verfasst wurde, geht es um Elliot, der **(RP)** jahrelang von seinen Mitschülern gequält wurde. Als Elliot die Schule wechselt, soll alles **(IP)** anders werden. An jener **(DP)** erfindet er einen neuen Elliot, der **(RP)** sich kaltblütig und abgebrüht gibt. Diese **(DP)** neue Rolle sieht er als die einzige Chance, um sich zu behaupten. Er würde es niemandem **(IP)** mehr erlauben, ihn so fertigzumachen! Jeder **(IP)**, der **(RP)** sich ihm in den Weg stellt, soll das **(DP)** bereuen. Doch die Macht, die **(RP)** er dadurch gewinnt, hat einen furchtbaren Preis. Jeder **(IP)**, der **(RP)** wissen möchte, welche Auswirkungen Mobbing haben kann, sollte dieses **(DP)** Buch gelesen haben.

26 | → Seite 28
In dieser Reihenfolge einzufügen:
mehrere, keiner / niemand, Diejenigen, die, dieses, jenes, keiner / niemand, das

2. SÄTZE UND SATZGLIEDER

SATZREIHE UND SATZGEFÜGE

1 | → Seite 32
Nina und Karla leisteten Hilfestellung, **trotzdem / dennoch** stürzte Pauline zu Boden.
Die Sportlehrerin eilte sofort herbei, **doch / aber** der Unfall war leider schon passiert.
Eine Schülerin wurde ins Sekretariat geschickt, **denn** die Sekretärin sollte einen Krankenwagen rufen.

2 | → Seite 32 / 33
Satzreihe blau: 1, 2, 4, 5, 7
Satzgefüge grün: 3, 6

3 | → Seite 33
..., woher die Redewendung ... kommt.
..., wenn du es dir bildlich vorstellst: Nachdem jemand ein Kleinkind in einer Wanne gebadet hat, ...
..., das Kind vorher herauszunehmen.
..., da das Kind dabei womöglich verletzt wird!
..., dass eine Handlung ... richtig ist, aber über das Ziel hinausschießt.
..., dass zusammen mit dem Schlechten, dem dreckigen Badewasser, auch das Gute, nämlich das Kind, verworfen wird.

4 | → Seite 33
Satzreihe: a, d **Satzgefüge:** b, c

5 | → Seite 34
In dieser Reihenfolge:
und (Satzreihe) – und (Satzreihe) – weil (Satzgefüge) – denn (Satzreihe) – damit (Satzgefüge) – dass (Satzgefüge) – und (Satzreihe) – deshalb (Satzreihe) – dass (Satzgefüge)

KONJUNKTIONAL- UND RELATIVSATZ

6 | → Seite 38
Konjunktionen in dieser Reihenfolge:
Als, Während, Nachdem, dass, dass, Ehe, Da, Nachdem

7 | → Seite 38 / 39
Die Schülerin, die neu in der Klasse ist, feiert heute Geburtstag. / Die Schülerin, die heute Geburtstag feiert, ist neu in der Klasse.
Der Mann hat dem Kind, das von einem Hund angefallen wurde, geholfen. / Das Kind, dem von dem Mann geholfen wurde, wurde von einem Hund angefallen.
Der Test, der morgen stattfindet, ist sehr schwer. / Der Test, der sehr schwer ist, findet morgen statt.
Das Haus, das erst kürzlich renoviert wurde, ist eingestürzt. / Das Haus, das eingestürzt ist, wurde erst kürzlich renoviert.
Wir besteigen den Berg, der sehr steil ist. / Den Berg, der sehr steil ist, besteigen wir.

8 | → Seite 39

Lösungsvorschlag:
Zwei Mädchen rennen zum Bahnhof, **weil** sie den Zug noch rechtzeitig erreichen möchten.
Sie müssen sich beeilen, **denn** der Zug kommt bereits in einer Minute.
Da sie mit ihren Freundinnen in der nächsten Stadt verabredet sind, ist es ihnen sehr wichtig, **dass** sie den Zug erreichen.
Sie sind zu spät, **weil** sie getrödelt haben.

9 | → Seite 40

Grün (Konjunktionalsätze):
Bevor du zu deiner Reise aufbrechen kannst, ...
Nachdem du diese Informationen durchgesehen hast, ...
Damit du am Ende deiner Fantasiereise viel zu berichten hast, ...
..., nachdem du die Reise geplant hast, ...

Blau (Relativsätze):
..., das in die große weite Welt fährt, ...
..., die du dir von deinem Taschengeld sicher nicht leisten kannst, ...
..., die du im Internet oder in Reiseführern findest.
..., in die du die Route einzeichnen kannst.
..., an denen dein Schiff halten soll.

10 | → Seite 40

In dieser Reihenfolge: in, auf, mit, von

PRÄPOSITIONALOBJEKT

11 | → Seite 43

Präpositionalobjekte in dieser Reihenfolge: mit der Bahn, über das Internet, von einem Freund, für einen Bauernhof, Auf diese Reise

12 | → Seite 43

Woran / An was leidet er? – <u>an einer unbekannten Krankheit</u>
Zu wem geht Kerem am Nachmittag? – <u>zu seinem Freund</u>
Über wen macht sich Konrad lustig? – <u>über Georg</u>
Mit wem fährt Samira in die Türkei? – <u>mit ihrer Freundin</u>

13 | → Seite 44

b | Der Hund knabbert <u>an seinem Knochen</u>.
c | Ich zweifle <u>an meinem Verstand</u>.
d | Der Junge fragt <u>nach seiner Note im Grammatiktest</u>.
e | Lisa stolpert <u>über die Bordsteinkante</u>.
f | Der Busfahrer fährt <u>durch die Großstadt</u>.
g | Das Geschenk ist <u>für das Geburtstagskind</u>.

14 | → Seite 44 / 45

Sätze mit Präpositionalobjekt:
<u>Auf seine Freundin</u> wartet er.
<u>Über meine SMS</u> freust du dich.
<u>Mit blauen Ziegeln</u> ist das Dach gedeckt.
<u>Zu Paul</u> bringt Joshua seinen Hamster.

15 | → Seite 45

Felix sieht nach dem Kuchen im Ofen.
Die Schüler konzentrieren sich auf die Aufgabe.
Sophie dankt für das Geschenk.
Die Lehrerin spricht mit einem Schüler.
Tina und Marie glauben an das Gute im Menschen.

ADVERBIALE BESTIMMUNG UND ATTRIBUT

16 | → Seite 49

temporal: einst, mit der Zeit, zunächst, gleich darauf, nun, danach, plötzlich, ewig
lokal: im Wald, in den Wald, am ganzen Körper, zwischen die Schultern, An dieser Stelle
kausal: Wegen seiner Angst vor dem Knaben, deswegen, zum Abendessen, Durch den Genuss des Drachenblutes, durch die Berührung des Drachenblutes
modal: sehr stark, schnell, rasch, hart wie Horn, Eilig, Nur

17 | → Seite 49

Wann hat Baron Münchhausen mehrere Gäste eingeladen? <u>heute</u>
Wohin sind alle gern gekommen? <u>in sein Schloss</u>
Wie / In welcher Weise erzählt der Lügenbaron seine Jagdgeschichten? <u>auf unterhaltsame Weise</u>

18 | → Seite 50
temporal (rot): Einmal, mitten im Winter, Erst in der Dämmerung, Nach dem Erwachen, nachts, Am Abend davor, schließlich, pünktlich
lokal (blau): durch eine verlassene Gegend, Ringsum, Im Schnee, dort, an der Kirchturmspitze, auf den Boden
modal (grün): Erschöpft, in hohem Satz

19 | → Seite 50
In dieser Reihenfolge:
mit großem Eifer, wirklich, früh am Morgen, Wegen des Backofens, in der Backstube, Häufig, völlig verschwitzt, nach Hause

20 | → Seite 51
Auf wen traf er? → Präpositionalobjekt
Wo war dieser gerade? → Lokaladverbiale
Worauf / Auf was sprach er Jojo an? → Präpositionalobjekt
Wo hatten sie gemeinsam gespielt? → Lokaladverbiale
Worauf / Auf was hatte Jojo nicht geachtet? → Präpositionalobjekt

21 | → Seite 51
Lösungsvorschlag:
Der Baum **mit der wunderschönen Krone** ist eine Eiche. Dieser **herrliche** Baum steht oft in Mischwäldern. Die Wurzeln **dieses Baumes** reichen bis zum Grundwasser. Das Eichenblatt **mit der besonderen Form** ist auf der Rückseite des deutschen Fünfcentstücks abgebildet.

22 | → Seite 52
Das Buch **„Sieben Minuten nach Mitternacht" (Apposition)** / handelt / vom **dreizehnjährigen (Adjektivattribut)** Jungen Conor **(Präpositionalobjekt)**. Jede Nacht **(Temporaladverbiale)** / wird / er / von einem **furchterregenden (Adjektivattribut)** Monster **(Präpositionalobjekt)** / besucht. / Er / fürchtet sich / aber / nicht / vor dem Monster **in der Gestalt eines Baumes (Präpositionalobjekt mit präpositionalem Attribut)**. Viel mehr **(Modaladverbiale)** / fürchtet / er / sich / vor einem **monströsen (Adjektivattribut)** Albtraum **(Präpositionalobjekt)**. Das **unheimliche (Adjektivattribut)** Monster / will / Conor / nämlich **(Kausaladverbiale)** / helfen. / Er / soll / sich / der **schrecklichen (Adjektivattribut)** Wahrheit / stellen. / Denn / nur so **(Modaladverbiale)** / kann / er / am Ende **(Temporaladverbiale)** / befreit sein / von **seinem (Pronominalattribut)** Albtraum **(Präpositionalobjekt)** …

3. RECHTSCHREIBUNG UND ZEICHENSETZUNG

GROSS- UND KLEINSCHREIBUNG

1 | → Seite 56
viele, wenige, der Erste, als Nächste, der Dritte, als vierter Gast, die Letzte, der Einzige, anderen, ein paar, manche, wenige Gäste, die eine / Eine, der andere / Andere, beide

2 | → Seite 56
Morgens, heute Morgen, zum Nachmittag, am Abend, morgen Vormittag

3 | → Seite 57
Am letzten Freitag verbrachten Lovis und Robin einen ganzen Nachmittag unfreiwillig im Geräteraum der Schulturnhalle. Eine Putzfrau befreite die beiden durch Zufall aus ihrem Gefängnis. Die beiden Schüler der Klasse 6c hatten sich am Ende des Unterrichts in dem angrenzenden Geräteraum versteckt, um nicht beim Abbau helfen zu müssen. Versehentlich sperrte der Sportlehrer, Herr Rübling, die Türe ab, nachdem alles aufgeräumt war. Obwohl jeder von ihnen um Hilfe geschrien hatte und sie das eine oder andere ausprobiert hatten, um sich aus der misslichen Lage zu befreien, wurden sie erst am Abend von der Putzfrau entdeckt. Die Eltern der beiden hatten sich bereits viele Sorgen gemacht und dabei alles Mögliche in Betracht gezogen. Am Ende war jeder froh, die Jungen unversehrt wiederzusehen.

4 | → Seite 57
Lösungsvorschlag:
Die Sorge um den Verbleib der Schülerin Anna hat sich in Wohlgefallen aufgelöst. Da Anna heute Morgen nicht in der Schule war, wurde sie zunächst als vermisst gemeldet. Eine Mitschülerin hatte berichtet, sie habe Anna zuletzt am gestrigen Morgen gesehen. Hingegen bestätigen mehrere andere Zeugen, sie auch danach noch erblickt zu haben. So wurde bezeugt, dass

Anna am Vormittag in der Pause mit ihrem Bruder gesehen worden ist, am Mittag den Schulbus genommen und diesen als Erste verlassen hat. Am frühen Abend hat sie einer Freundin eine SMS gesendet. Ihre Mutter bestätigt außerdem, dass sie in der Nacht in ihrem Bett lag. Noch am Vormittag wurde sie von der Polizei gefunden. Sie hatte (die Schule) geschwänzt.

GETRENNT- UND ZUSAMMENSCHREIBUNG

5 | → Seite 60
In dieser Reihenfolge:
fest binden, festbinden, frei sprechen, freisprechen, kalt stellen, kaltstellen, schwer fallen, schwerfallen, schiefgehen, schief gehen

6 | → Seite 60
Lösungsvorschlag:
hoch singen, melodisch singen, frei singen, schnell singen, viel singen

7 | → Seite 61
In dieser Reihenfolge:
schnelllebig, vollbringen, schnell fahren, weitergeben, weit springen

8 | → Seite 61
Die richtige Schreibweise:
schrecklich nervös, riesig groß, großspurig, tierisch viel, mikroskopisch kleinen, unheimlich großer, vielfach, gut bezahlten

9 | → Seite 62
Lösungsvorschlag:
bitterarm, bitterernst, bittersüß ...
ultragroß, ultraklein, ultramodern ...
vierfüßig, viereckig, vierjährig ...

10 | → Seite 62
Waagerecht zu finden sind:
fünffach, schnell sprechen, wachrütteln, linkshändig, blau einfärben, leise reden, breitbeinig, liebkosen, hochwertig, eindeutig

11 | → Seite 62
ernst nehmen: Jugendliche sollte man ernst nehmen.
krankschreiben: Ich lasse mich krankschreiben.
schwarzfahren: In der U-Bahn darf man nicht schwarzfahren.
schwerreich: Dagobert Duck ist schwerreich.
neu streichen: Diese Wand sollte man neu streichen.
hellsehen: Die Wahrsagerin kann hellsehen.

GLEICH UND ÄHNLICH KLINGENDE WÖRTER

12 | → Seite 65
1 | Endstation, **2** | Endspurt, **3** | entfallen, **4** | Endergebnis, **5** | entfernen, **6** | entdeckt, **7** | Entfernung
Lösungswort: **entspannen**

13 | → Seite 65
Die Vorsilbe **End- / end-** kommt von dem Wort **Ende** und hat die Bedeutung von **Schluss / am Ende.**

14 | → Seite 65
Lösungsvorschlag:
entkommen, entnehmen, entrichten, entlocken, entführen, entwickeln

15 | → Seite 66
In dieser Reihenfolge:
Klein**stadt**, Groß**stadt**, An**statt**, **Stadt**plan, **Stadt**tor, Alt**stadt**, **statt**findet, ge**statt**et, **Stadt**rand, **Statt**dessen, **Stadt**gründungsfest

16 | → Seite 66
Lösungsvorschlag:
Der **stadtbekannte** Mensch ist in der ganzen Stadt bekannt.
Der Schreiner arbeitet in der **Werkstatt.** Das ist ein Platz, an dem man werkend tätig wird.
Die **Gaststätte** liegt mitten im Grünen. Sie ist ein Platz, an dem sich ein Gast gerne aufhält.

17 | → Seite 67

In dieser Reihenfolge:
todernste, todunglückliche, todsicheren, die Todesstrafe / das Todesurteil, todmüde, sich totlachen, totenblass, totgeschlagen

18 | → Seite 67

Substantiv: Todesstrafe / Todesurteil, Todfeind, Todsünde
Adjektiv: todernst, todunglücklich, todsicher, todmüde, totenblass, todkrank, todtraurig
Verb: totlachen, totreden, totlaufen
Partizip: totgeschlagen, totgelacht, totgeärgert

KOMMA BEI SATZREIHE UND SATZGEFÜGE

19 | → Seite 70

Sieh dir doch mal die Homepage des Kinder- und Jugendliteraturpreises an**,** dort findest du viele Buchtipps. Es gibt dort mehrere Kategorien**,** eine davon ist die Jugendjury. Sie besteht aus Jugendlichen aus ganz Deutschland**(,)** und ihre Empfehlungen werden von jugendlichen Lesern immer gerne angenommen. Meistens wählt die Jugendjury andere Bücher aus als die Erwachsenenjury**,** denn sie versteht die Bedürfnisse der jugendlichen Leser oft besser.

Zwischen zwei **Hauptsätze** setze ich **ein Komma.**

20 | → Seite 70

Ich setze ein Komma, weil ...
a | es sich um ein Satzgefüge mit der unterordnenden Konjunktion *weil* handelt.
b | es sich um eine Satzreihe aus zwei Hauptsätzen handelt.
c | es sich um ein Satzgefüge mit der unterordnenden Konjunktion *als* handelt.
d | es sich um eine Aufzählung handelt.
e | es sich um ein Satzgefüge mit den unterordnenden Konjunktionen *da, sondern* und *dass* handelt.
f | es sich um eine Aufzählung handelt.

21 | → Seite 71

Lückenwörter (jeweils andere Reihenfolge möglich):
a | ... **Cola, Apfelschorle, Eistee** und **Kakao.**
b | ... **Vanille, Mango, Schokolade** und **Himbeer.**
c | ... **zum Klavierspielen,** dann zum **Arzt,** danach **besuche ich meine Tante(,)** und schließlich gehe ich **zum Einkaufen.**
d | ... **in der Sonne zu liegen, zu tauchen, zu baden** und **zu surfen.**
e | ... **zu biken** und **zu wandern.**

22 | → Seite 71

Lösungsvorschlag:
Ich esse gerne Spagetti mit Tomatensoße**,** Forellenfilet**,** Bratkartoffeln**,** Gemüseauflauf und Käsekuchen.

23 | → Seite 72

Lösungsvorschlag:
Tim und Alma sitzen im Eiscafé und unterhalten sich. Tim hat sich seine Lieblingssorten bestellt: Himbeere**,** Erdbeere**,** Nuss und Stracciatella. Almas Eisbecher besteht aus Melone**,** Mango**,** Schokolade und Pistazie. Während Tim und Alma Eis essen**,** unterhalten sie sich. Als sie gerade besonders ins Gespräch vertieft sind und sie ihr Eis genießen**,** schnappt sich ein Dieb Tims Tasche. Das gelingt ihm beinahe lautlos**,** weil die Tasche nur lose über der Stuhllehne hängt. Ehe sich Tim und Alma versehen**,** ist es schon geschehen**(,)** und der Mann läuft schnell davon.

24 | → Seite 72

In vielen Bundesländern gibt es Jugendparlamente**,** damit die Interessen von Jugendlichen mehr Gehör finden. Die Beteiligten können dort ihre Meinungen**,** ihre Wünsche und ihre Kritik vortragen und werden von den verantwortlichen Politikern gehört. So erfahren Kinder und Jugendliche spielerisch die Regeln der Politik**,** knüpfen Kontakte zu Politikern**,** lernen etwas zur Gesetzgebung und halten politische Reden. Wenn man 16 Jahre alt ist**,** kann man sich auch für das europäische Jugendparlament bewerben. Weil die Nachfrage groß ist**,** muss man erst einen Onlinefragebogen ausfüllen. In einem Auswahlverfahren wird dann entschieden**,** ob man daran teilnehmen darf.

4. BERICHTEN UND BESCHREIBEN

EINEN BERICHT PLANEN

1 | → Seite 77

Durchzustreichen sind:
Selten so gelacht
Glück im Unglück
So ein Mist
Ein Unglück kommt selten allein

2 | → Seite 77

Unsere Klassenfahrt nach London: Erlebnisbericht
Zusammenstoß auf dem Pausenhof: Unfallbericht
Ergebnis des Tanzwettbewerbs: Ereignisbericht
Beschädigung der Sportgeräte in der Turnhalle: Schadensbericht für die Versicherung
Das Weihnachtskonzert 2012: Veranstaltungsbericht

3 | → Seite 77

Folgende Informationen sollte die Mindmap enthalten:

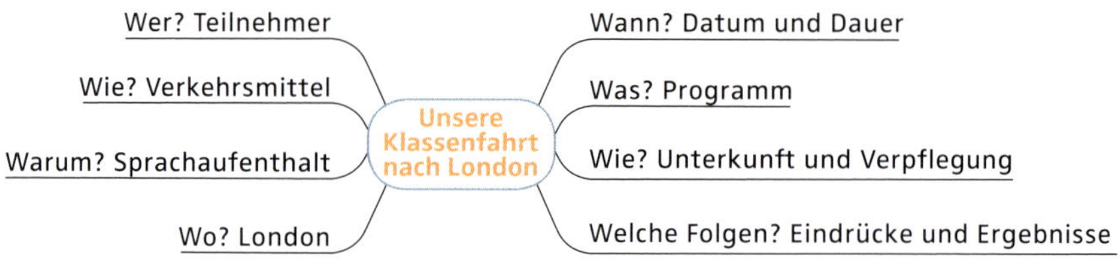

4 | → Seite 78

Der Überschrift, dem Bild und den Aussagen sind folgende Informationen zu entnehmen:

5 | → Seite 79

Einleitung:
Was? Fahrradunfall
Wer? zwei Radfahrer, fünf Augenzeugen
Wann? am Nachmittag
Wo? Straße in einem Wohngebiet

Hauptteil:
Warum? Radfahrer fahren mit zu großer Geschwindigkeit / Wettrennen
Wie? Hund rennt unvermittelt über die Straße zu einem Hund auf der anderen Seite

Schluss:
Welche Folgen? schwerer Sturz mit Armbruch

6 | → Seite 79

Ein **folgenreicher Fahrradunfall** ereignete sich am Samstagnachmittag in der Vorgartensiedlung. Die beiden 12-jährigen **Schüler Julian Maier** und **Moritz Müller** lieferten

sich ein sportliches **Wettrennen** auf ihren Fahrrädern.
Auf Höhe des Grundstücks von **Frau Uta Lustig** kam es zu dem **schweren Sturz,** weil unvermittelt ein **Hund** auf die enge Straße lief ...

7 | → Seite 80
Was? Diebstahl des Geldbeutels
Wer? Eine 18-jährige Kölnerin
Wann? Donnerstag letzte Woche; zwischen 17.00 und 17.15 Uhr
Wo? Lebensmittelmarkt in der Buchenstraße in Köln
Wie? unbemerkt, beim Einkaufen, Suche nach Geldbeutel blieb erfolglos
Warum? (keine Information hierzu)
Welche Folgen? Geldbeutel wurde mit persönlichen Dokumenten und EC-Karte, aber ohne Bargeld von einem Kunden aufgefunden.

8 | → Seite 80
Die Überschrift ist für einen Zeitungsbericht passend, da durch den ungewöhnlichen Inhalt die Aufmerksamkeit der Leser geweckt wird.

Gliederung durch Absätze:
Einleitung: Z. 1–4
Hauptteil: Z. 4–17
Schluss: Z. 16–18

INFORMATIONEN AUSWÄHLEN FÜR EINEN EINEN BERICHT

9 | → Seite 84 / 85
Zu unterstreichen sind:
Katharina: „... Endlich war es mal spannend im Biounterricht. Wir hatten verschiedene Beobachtungsaufgaben ... und sollten die Ergebnisse dann im Unterricht darstellen."
Paula: „... und auch die meisten sich an den verabredeten Treffpunkt gehalten haben."
Nina: „Plötzlich fiel mir auf, dass Nadine, Annika und Katrin fehlten ..."
Nadine: „Ich wusste nicht, dass der Tierpark in München zwei Eingänge hat. Deswegen kam ich nicht auf die Idee, dass ich am falschen Treffpunkt wartete ..."
Katrin: „Das tut mir echt leid, dass es dieses Missverständnis gegeben hat. Ich habe den Ausgang einfach verwechselt ..."
Frau Wagner: „Der Ausflug mit der Klasse 6a wäre noch schöner gewesen ... Als wir die Heimfahrt antreten wollten, fehlten drei Schülerinnen ..."
Herr Wald: „... Viele der wartenden Schüler und Eltern waren auch sauer, weil sich die Heimkehr der Klasse um zwei Stunden verzögert hat ..."
Michael: „War klar, dass mal wieder ich losgeschickt wurde, um die drei Mädels zu suchen ... Als ich die Durchsage gehört habe, bin ich gleich zum zweiten Eingang am anderen Ende gelaufen ..."
Kassiererin: „Bei schönem Wetter ist sowieso schon immer ein Gedränge vor den Kassen am Nachmittag. Da kamen auch noch die drei Schülerinnen und baten mich, eine Durchsage zu machen, weil ..."

10 | → Seite 85
Wer? Schüler der Klasse 6a
Was? Ausflug in den Münchner Zoo, beim Aufbruch zur Heimfahrt fehlen drei Schülerinnen
Wann? nachmittags nach dem Aufenthalt im Tierpark
Wo? auf dem Gelände des Tierparks
Wie? drei Schülerinnen warteten am falschen Eingang und waren deshalb nicht zur verabredeten Zeit am richtigen Treffpunkt
Warum? es war nicht allen Schülern bekannt, dass es zwei Eingänge gibt, weshalb der Treffpunkt verwechselt wurde
Welche Folgen? Rückkehr erfolgt zwei Stunden später als geplant

11 | → Seite 86
Vorschläge für Streichungen:
München. Ein Mann strampelte auf einem ~~rosafarbenen~~ Damenfahrrad ~~in aller Herrgottsfrühe~~ auf München zu – und zwar auf der Autobahn A 8. Da kam die Polizei nicht umhin, ihn zu kontrollieren. ~~Die Geschichte, die er zu seinem rosafarbenen Rad auf Lager hatte, war auch nicht schlecht:~~ Er sei in der S-Bahn eingeschlafen, erzählte er, und hätte eigentlich am Ostbahnhof aussteigen sollen. Stattdessen fand er sich um 2.15 Uhr nachts ~~völlig verschlafen~~ in Oberhaching etwa 15 km außerhalb vor den Toren Münchens im Zugdepot wieder. ~~Da überlegte er sich, wie er zurück in die Innenstadt kommen könnte.~~ Der 27-Jährige testete ~~daraufhin einige~~ vor dem Depot abgestellte Fahrräder, fand eines, das nicht

abgesperrt war, und machte sich sogleich auf den Heimweg. Zuerst benutzte er nach eigenen Aussagen Radwege, doch dann sei er irgendwie plötzlich auf der Autobahn gewesen. Ein Alkoholtest der Polizei ergab, dass der junge Mann nicht betrunken war. Ihm droht eine Anzeige wegen Diebstahl und unerlaubten Fahrens auf der Autobahn.

Lösungsvorschlag für die Meldung:
Bei einer Polizeikontrolle auf der Autobahn A8 wurde in den frühen Morgenstunden ein Radfahrer gestoppt. Er war auf einem gestohlenen Fahrrad unterwegs. Dieses wurde sichergestellt. Eine Alkoholkontrolle verlief ergebnislos. Der Mann hat mit einer Anzeige wegen Diebstahl und unerlaubten Fahrens auf der Autobahn zu rechnen.

SACHLICH SCHREIBEN IM BERICHT

12 | → Seite 90
☺ passende Überschrift
☺ Beantwortung aller W-Fragen;
Textbelege:
Wer? Ein älteres Ehepaar
Wann? September
Wo? zu Hause
Was? Geldversteck und Geldverlust
Warum? Angst vor Einbrechern, Vergesslichkeit
Wie? Geld im Müll versteckt und dann vergessen, Müll ausgeleert, Geld verloren und durch Zufall und Engagement wiedergefunden
Welche Folgen? Geld wiedererhalten
☺ nachvollziehbarer Aufbau
☺ verständliche Darstellung des Sachverhaltes
☺ sachliche Sprache
☺ präzise Wortwahl
☺ richtiger Tempusgebrauch
☹ korrekte Verwendung von indirekter Rede;
Verbesserung:
Z. 14 / 15: ... wurde ihnen mitgeteilt, dass das Geld inzwischen verbrannt worden sei. Hoffnung, das Geld wiederzubekommen, gebe es nicht.
Z. 25 / 26 ... und fragte, ob sie etwas sehr Wertvolles vermissen würden.

13 | → Seite 91
Diese Sätze sollten angekreuzt sein, Möglichkeiten für Begründungen sind in Klammern angegeben:
Es war für mich wieder einmal sehr anstrengend, 90 Minuten kreuz und quer durch die Halle zu rennen. *(Übertreibung, unsachliche Wortwahl, Nähe zur Erlebniserzählung durch Ich-Perspektive)*
Nach Trainingsende erwischte ich gerade noch den Bus und ließ mich erschöpft auf die letzte Sitzreihe fallen. *(Ich-Perspektive wie in Erlebniserzählung, unsachlicher Stil, eigene Sichtweisen und Gefühle)*
„Mist, jetzt muss ich mir etwas anderes einfallen lassen“, dachte das Mädchen verzweifelt. *(Wörtliche Rede statt indirekter Rede, Gefühle)*

14 | → Seite 91
Fehler sind unterstrichen, Begründungen in Klammern angegeben:
Am 11. Mai, vermutlich einem Freitag *(genaue Angabe ist erforderlich)*, passierte der merkwürdige Unfall *(exakte Tatsachen nennen)* in der Blumenstraße. Ein Radfahrer wurde von einem Hund vom Rad geschleudert und musste ins Krankenhaus. Irgendwann am Nachmittag *(genaue Zeitangabe erforderlich)* ging Peter *(Name nicht nennen, ein Junge o. Ä.)* mit seinem Hund, der wahrscheinlich angeleint war *(Tatsachen, keine Vermutungen nennen)*, auf dem Gehweg spazieren. Auf der anderen Straßenseite waren fünf Personen und ein Hund draußen *(präzise Tatsachen, benennen, um welche Personen es sich handelt, weil diese den Unfall bezeugen können)*, die den Vorgang beobachteten.
Auf einmal waren da zwei Radfahrer *(präzisere Angaben, keine Spannung erzeugen)*. Beide trugen keinen Helm *(Detail streichen, da unwichtig)* und achteten weder auf die Spaziergänger noch auf den Hund. Dieser lief plötzlich über die Straße und keiner weiß, warum das so war *(korrekte Zusammenhänge ausführlicher benennen)*.
Leider konnten die beiden Radfahrer *(sachlich genau bleiben, es ist nur ein Radfahrer gestürzt)* nicht mehr bremsen und wurden bei dem Versuch, dem Tier auszuweichen, vom Rad geschleudert. Wo und ob er sich verletzt hat, kann man nicht so genau sagen *(nur Tatsachen berichten)*. Auf alle Fälle *(Formulierung unsachlich)* musste er zur

ärztlichen Behandlung in ein Krankenhaus gebracht werden. Der Hund kam mit dem Schrecken davon. Ein Glück, dass es nicht im Winter passierte, wenn die Straßen glatt sind *(ohne Zusammenhang zum Bericht)*.

Lösungsvorschlag für den Bericht:
Am Freitag, den 11. Mai, ereignete sich in der Blumenstraße ein Unfall, an dem ein 12-jähriger Radfahrer und ein Hund beteiligt waren. Gegen 15 Uhr ging ein Schüler mit seinem Hund, den er an der Leine führte, auf dem Gehweg der Blumenstraße spazieren. Auf der gegenüberliegenden Straßenseite war eine Familie mit ihrem Kleinkind unterwegs. In den angrenzenden Vorgärten befanden sich ein älteres Ehepaar sowie ein weiterer Hund.
Mit hoher Geschwindigkeit fuhren zwei Radfahrer die Blumenstraße stadteinwärts. Beide achteten weder auf die Spaziergänger noch auf den Hund, weil sie sich ein sportliches Wettrennen lieferten. Von diesen Radfahrern abgelenkt bemerkte der Hundehalter zu spät, dass sein Hund unvermittelt auf die enge Straße lief. Grund dafür sei gewesen, dass er auf der gegenüberliegenden Seite einen anderen Hund entdeckt habe, wie der Hundehalter als Erklärung anführte. Wegen des hohen Tempos konnte der hintere der beiden Radfahrer nicht mehr bremsen und wurde bei dem Versuch, dem Tier auszuweichen, vom Rad geschleudert. Dabei brach er sich den Arm und musste zur ärztlichen Behandlung in ein Krankenhaus gebracht werden. Der Hund kam mit dem Schrecken davon.

15 | → Seite 92

Schreibplan durch Antworten auf die W-Fragen:

Einleitung:
Was? Bäckereibesichtigung in Zusammenhang mit dem Ernährungsprojekt im Biologieunterricht
Wer? Frau Fröhlich, die Biologielehrerin, Herr Krustig, der Bäckermeister, die Schüler der Klasse 6c
Wann? 17. Mai, zwei Stunden am Vormittag
Wo? Backstube an der Wiesenstraße

Hauptteil:
Wie? Vorbesprechung der interessanten Themen, Anfahrt mit der Straßenbahn, Verteilung von Arbeitsmaterialien, Führung durch die Backstube und den Vorratsraum, Vorführung der Brotherstellung.
Warum? Veranschaulichung des Ernährungsprojektes im Biologieunterricht.

Schluss:
Welche Folgen? Erschöpfung durch Eindrücke der Besichtigung

16 | → Seite 93

Lösungsvorschlag:
a | Mit Begeisterung zeigte uns Bäckermeister Krustig die große Backstube, **um** uns dabei viele Informationen zur Brotherstellung zu geben.
b | Er zeigte uns, wie man Brot mit der Hand knetet, **wobei** er unglaublich schnell die benötigten Teigkugeln formte.
c | Viele Vorgänge laufen automatisch ab, **doch** das Brot muss am Schluss von einem Bäckermeister geprüft werden.
d | Herr Krustig verteilte eine Broschüre zum Thema „Brot", **damit** wir die Einzelheiten noch einmal nachlesen können.

17 | → Seite 93

Lösungsvorschlag:
Aus Mehl wird Brot – Besichtigung der Bäckerei Frisch
Am 17. Mai unternahmen wir, die Klasse 6c mit unserer Lehrerin Frau Fröhlich, im Rahmen unseres Ernährungsprojektes einen Unterrichtsgang zur Bäckerei Frisch. Bereits zwei Wochen davor hatten zwei Schüler aus unserer Klasse mit dem Bäckermeister Krustig per Mail abgesprochen, was uns interessiert.
Nachdem wir nach der zweiten Stunde mit der Straßenbahn zur Bäckerei Frisch an der Wiesenstraße gefahren waren, verteilte Frau Fröhlich verschiedene Arbeitsaufträge. Dann betraten wir den Vorraum der Backstube, wo wir von Herrn Krustig empfangen wurden. Er verteilte Plastikhauben und Mäntel aus Plastikfolie, die wir über unsere Kleidung anziehen mussten. Anschließend zeigte uns Herr Krustig den Vorratsraum für das Mehl. Als Nächstes ließ er uns dabei zusehen, wie er den Teig mit der Hand knetete und erläuterte uns nicht nur, welche Zutaten in einem guten Brot enthalten sein müssen, sondern führte uns dann auch die neue Knetmaschine vor. Zum Schluss der Besichtigung schaltete er den großen Ofen an, in dem das Brot gebacken wird.

Daraufhin wurde es sehr heiß in der Backstube und wir waren froh, als wir wieder draußen waren und uns auf der Heimfahrt abkühlen konnten. Von den vielen Eindrücken der Besichtigung waren alle sehr erschöpft.

EINEN VORGANG BESCHREIBEN

18 | → Seite 97

In dieser Reihenfolge einzusetzen:
Rührschüsseln – Messer – Schokolade – Quirlen – Mandeln – umrühren – Teig – Teigschaber – Schiene – Minuten

19 | → Seite 98

Nicht beachtet wurde zu Recht:
Die Anleitung ist unvollständig, sodass dem Leser nicht alle wichtigen Informationen mitgeteilt werden. *(Sonst würde der Zaubertrick verraten werden.)*
Der Text ist ausschließlich im Sachstil verfasst und enthält keinerlei Gefühle.
Die Anleitung ist informativ, auch weil ein unpersönlicher und passivischer Sprachstil gebraucht wird.

20 | → Seite 99

Reihenfolge: 4 – 6 – 2 – 7 – 3 – 1 – 5

21 | → Seite 99

2. Luftpumpe, 3. Schüssel mit Wasser,
4. Trockentuch, 5. Filzstift,
6. Schmirgelpapier, 7. Kleber, 8. Flicken

22 | → Seite 99

2. Trockentuch und Schüssel mit Wasser bereitstellen.
3. Ventil auseinanderschrauben und den Schlauch aus dem auf der Felge sitzenden Mantel mittels Abzieher herauslösen. Dabei den Ventilschaft durch die Öffnung in der Felge stecken.
4. Das Ventil wieder zusammenschrauben und den Schlauch mit Luftpumpe aufpumpen.
5. Den Schlauch in die mit Wasser gefüllte Schüssel halten, um das Loch zu finden.
6. Den Schlauch mit dem Tuch abtrocknen und das Loch mit dem Filzstift markieren.
7. Den Schlauch um das Loch herum mit dem Schmirgelpapier aufrauen, mit Kleber einstreichen und den Flicken aufkleben.
8. Den geflickten Schlauch trocknen lassen und schließlich den Reifen wieder zusammenbauen.

23 | → Seite 100

Schreibplan:
Einleitung: Materialien und Vorbereitung
Hauptteil: Durchführung
Schluss: Ergebnis

Lösungsvorschlag für die Vorgangsbeschreibung:

Benötigte Materialien und Vorbereitung:
Um Freundschaftsarmbänder zu knüpfen, benötigt man je ein Knäuel Wolle in Rot, Grün und Blau, eine Schere und eine Sicherheitsnadel.
Zuerst schneidet man von jedem der drei Knäuel zwei etwa 80 Zentimeter lange Fäden ab. Dann verknotet man diese sechs Schnüre so miteinander, dass oberhalb des Knotens noch etwa zehn Zentimeter Schnur stehen bleiben. Nun schiebt man eine Sicherheitsnadel durch den Knoten und heftet sich das Bündel z. B. ans Hosenbein. Man ordnet die Fäden so an, dass sich die Farben von rechts nach links abwechselnd wiederholen, beispielsweise: Grün, Rot, Blau, dann wieder Grün, Rot und Blau.

Durchführung:
Nun beginnt das Knüpfen: Man schlingt den rechten grünen Faden um den roten links daneben und zieht den Knoten nach oben hin fest. Jetzt wiederholt man diesen Schritt. Durch den Doppelknoten entsteht ein Knubbel.
Der grüne Faden wandert daraufhin um eine Position nach links, und man verknotet ihn auf dieselbe Weise mit dem blauen daneben, dann mit dem anderen grünen und immer so weiter. Wenn man mit dem grünen Faden ganz links angekommen ist, ist der erste Querstreifen fertig.
Den nächsten Streifen beginnt man jeweils mit dem Faden, der sich ganz rechts befindet. Nacheinander werden so viele Reihen geknüpft, bis das Freundschaftsband um das Handgelenk reicht.
Schließlich teilt man die sechs Fäden auf: Aus jeweils drei Fäden wird ein kleiner Zopf geflochten. Den Knoten am oberen Ende löst man ebenfalls und flicht auch diese Fäden zu zwei kurzen Zöpfen. Diese vier Zöpfe dienen als Verschluss.

Ergebnis:
Jetzt ist das quer gestreifte Freundschaftsarmband fertig. Man kann es nun selbst tragen oder verschenken.

5. TEXTE ANALYSIEREN UND VERSTEHEN

GEDICHTE UNTERSUCHEN

1 | → Seite 105
In dieser Reihenfolge:
DROMEDACKEL, PAPAGEISS, MAIKÄFERKEL, WANZEBRA, KANARHINOZEROS, FORELLENSITTICH

2 | → Seite 106
schlau wie ein Fuchs
diebisch wie eine Elster
störrisch wie ein Esel
leicht wie eine Feder
schnell wie der Blitz
langsam wie eine Schnecke
stark wie ein Stier

3 | → Seite 106
In dieser Reihenfolge:
Wüstenschiff, Warteschlange, Nussschale, auf einer Erfolgswelle reiten, das Recht mit Füßen treten

4 | → Seite 107
Lösungsvorschlag:
eine rosarote Brille aufsetzen = eine eingeschränkt positive Sichtweise haben
die Stecknadel im Heuhaufen suchen = eine schwer auffindbare unter vielen ähnlichen Dingen versteckte Sache suchen
den Nagel auf den Kopf treffen = einen Sachverhalt treffend erklären / beschreiben

5 | → Seite 107
Reimschema: **Paarreim**
gluh: glühend, funkelnd
quinquilieren: pfeifen, leise singen

6 | → Seite 107
Zutreffende Deutungen:
Humor ist, wenn man trotzdem lacht.
Wenn eine Situation nicht zu ändern ist, sollte man immer das Beste daraus machen.

FABELN, MÄRCHEN UND SAGEN ERKENNEN

7 | → Seite 111
D – A – E – B – C

8 | → Seite 111
Es handelt sich um **ein Märchen,** denn
– **formelhafte Wendungen** wie „Es war einmal ..."
– alltägliche Gegenstände mit Zauberkraft: das Töpfchen
– Wirkung eines Zauberspruchs
– Begegnung mit einer fremden, geheimnisvollen Person, die Zauberkräfte hat und allwissend ist
– unerlaubtes Ausprobieren der Zauberkräfte und Erlösung in letzter Sekunde

9 | → Seite 112 / 113
Lückenwörter sind in Klammern angegeben:
A: Der Wolf und der Kranich (Ein Wolf, einem Kranich, Der Kranich, der Wolf)
B: Der Löwe und die Maus (Eine Maus, Löwen, Der Löwe, die Maus, die Maus, der Löwe, der Maus, eine Maus, die Maus, eines Löwen, die Maus, der Löwe)
C: Der Rabe und der Fuchs (Ein Rabe, Raben, Fuchs, den Raben, den Raben, Dem Raben, dem Fuchs, der Fuchs, Raben)

10 | → Seite 113
A: Wenn man „bösen" Menschen einen Gefallen tut, muss man vielleicht sogar manchmal glücklich sein, dass man nicht geschimpft oder beleidigt wird, anstatt belohnt zu werden.
B: Auch scheinbar unbedeutende Menschen können große Taten vollbringen. Darum soll man keinen übermütig behandeln oder sich selbst überschätzen.
C: Wenn Leute einen loben und das nicht ernst meinen, sondern sich nur einschleimen wollen, dann soll man sich davon nicht blenden lassen.

11 | → Seite 114
Anzukreuzen sind:
Historische Persönlichkeiten spielen eine zentrale Rolle.
Es gibt konkrete Ortsangaben.
Die Ereignisse werden zeitlich festgelegt.
Textsorte: **Sage**